HALTIAIN MAILLA

Merja Leppälahti

Haltiain mailla

Kotimaisia uskomus- ja fantasiaolentoja

Nimikkeen automaattinen analysointi tietojen, erityisesti mallien, trendien ja korrelaatioiden, saamiseksi ("tekstin- ja tiedonlouhinta") on kielletty.

Julkaistu aikaisemmin nimellä *Vahvaa väkeä* (Finn Lectura, 2012)

© 2024 Merja Leppälahti

Kustantaja: BoD · Books on Demand GmbH, Helsinki, Suomi

Kirjapaino: Libri Plureos GmbH, Hampuri, Saksa

ISBN: 978-952-80-8308-5

Sisällys

Johdanto

Ennen vanhaan, kun ei ollut televisiota, tietokonepelejä eikä viihdekirjallisuutta, kerrottiin erityisesti talvi-iltojen ajankuluksi tarinoita ja satuja. Vanhat ja nuoret keskittyivät kuuntelemaan mieltä kuohuttavia kertomuksia kummallisista tapahtumista ja oudoista sattumuksista. Tällaista kansan kertomusperinnettä on tallennettu arkistoihin, mutta aivan samoja asioita ja ilmiöitä löytyy nykyäänkin populaarikulttuurin tuotteista, kuten elokuvista, peleistä ja viihdekirjallisuudesta. Kansanperinneainekset kuuluvat fantasian perusrakenneaineksiin.

Ei tarvitse olla erityisen syvällisesti perehtynyt sen paremmin fantasiakirjallisuuteen kuin kansanperinteeseenkään huomatakseen, että niistä löytyy paljon yhteistä. Kaikkein useimmin tällaiset yhtäläisyydet liittyvät fiktiivisiin, siis kuviteltuihin, olentoihin. Sellaiset olennot kuin haltiat, peikot, elävät vainajat tai ihmissudet näyttävät olevan aivan kotonaan sekä fantasiassa että kansanperinteessä, joten on helppo uskoa, että hyvin monella fantasiaolennolla on jollakin tavalla juuria kansanuskomuksissa.

Fantasian kuvasto on kuitenkin aika tavalla ylikansallista, jolloin melko lailla samantyyppiset hahmot esiintyvät kirjoissa ja elokuvissa, olipa ne kirjoitettu missä maassa tahansa. Monella olennolla on tiettyjä ominaisuuksia, jotka toistuvat kerran toisensa jälkeen – fantasiaa harrastava lukija kyllä tietää, millainen on "oikea" haltia, vampyyri tai lohikäärme, minkälaisia ominaisuuksia sillä voi olla ja mikä ei tule kysymykseen. Olennot, joiden olemassaolon historia liittyy kansanuskomuksiin, ovat lähteneet elämään omaan elämäänsä. Monessa tapauksessa voisi oikeastaan sanoa, etteivät kysymyksessä enää ole edes aivan samat olennot.

Tässä kirjassa kuvaillaan joitakin fantasiassa yleisiä kuvitteellisia olentoja erityisesti suomalaisen kansanperinteen näkökulmasta. Vaikka monet fantasiaharrastajat ovat innolla tutustuneet skandinaaviseen jumaltarustoon ja kelttimytologiaan, suomalainen perinne on useimmille melko tuntematonta. On kuitenkin kiinnostavaa ja joskus ehkä hyödyllistäkin tietää, mitä täällä meillä on ajateltu esimerkiksi haltioista tai ihmissusista.

Tämä kirja rakentuu nimenomaan kansanperinteen olentojen ympärille. Ennen olentojen lähempää tarkastelua esitellään yleisemmin tämän kirjan sisällön kannalta keskeistä kansanperinneaineistoa sekä fantasiakirjallisuuden luokittelua ja käsitteistöä otsikolla Yleistä kansanperinteestä ja fantasiasta. Tämä luku sisältää taustatietoja, joiden avulla kirjasta saa halutessaan kenties hieman enemmän irti. Kirjan loppuosan viitetiedot sekä kirjallisuusluettelot toimivat myös kiinnostuneelle apuna lisätietojen ja tarkennusten saamiseen. Teksti on kuitenkin ymmärrettävissä ilman näitä tietojakin, joten on täysin mahdollista hypätä suoraan fantasiaolentoihin, mikäli niin haluaa.

Esiteltävät olennot on jaettu kuuteen ryhmään. Ensimmäisenä ovat vuorossa haltiat ja tontut, jotka suomalaisessa uskomusperinteessä ovat yleensä yksittäisolentoja, olipa kysymyksessä kotitonttu tai metsänhaltia. Seuraavaksi siirrytään yhteisöolentoihin, joita ovat erityisesti jättiläiset, peikot ja maahiset. Näiden on ajateltu elävän paljolti ihmisten tapaan omissa asuinpaikoissaan, jotka ovat voineet sijaita kallioiden sisällä tai maan alla. Näiden jälkeen vuorossa ovat elävät kuolleet. Fantasiassa tunnetaan monenlaisia eläviä vainajia, mutta ainakaan nimikkeiden runsaudessa kansantarinat eivät jää toiseksi. Paholainen ei kuulu fantasian keskeisimpiin olentoihin, mutta kansanperinteessä monenlaiset pirut mellastavat innokkaasti. Samaan ryhmään on yhdistetty kuolema silloin kuin se esiintyy olentona. Muodonmuutosten kohdalla käsitellään erityisesti ihmissusia, jotka ovat muodonmuuttajista tunnetuimpia sekä fantasiassa että kansanperinteessä. Kuudes ryhmä on omistettu lohikäärmeelle ja sen kotoisille, kiemurteleville käärmesukulaisille.

Kunkin olentoryhmän esittely alkaa kansanperinteestä, jonka keskeisimmässä roolissa ovat tässä Suomalaisen Kirjallisuuden Seuran kansanrunousarkistoon tallennetut uskomustarinat sekä aiheeseen liittyvä tutkimuskirjallisuus. Käytetyistä tutkimuksista keskeisiä ovat Kaarle Krohnin *Suomalaisten runojen uskonto* (1914), Uno Harvan *Suomalainen muinaisusko* (1948) ja Martti Haavion *Suomalaiset kodinhaltiat* (1942) ja *Suomalainen mytologia* (1967) sekä eri tutkijoiden uudemmat, useimmiten tiettyyn olentoon tai olentoryhmään kohdistuvat tutkimukset. Nämä löytyvät lähdeluettelosta.

Kansansaduissa esiintyy usein samantyyppisiä olentoja kuin uskomustarinoissa, ja viittauksia vastaaviin olentoihin löytyy toisinaan myös muunkin kansanperinteen alueelta. Joka pääluvun yhteydessä on pieni katsaus kyseiseen olentoihin kansansaduissa. Sen sijaan muita, esimerkiksi kansanrunouden alueelle sijoittuvia yhteyksiä mainitaan vain silloin, kun ne selvästi tuovat aiheeseen jotain lisää. Tarkoituksena on

8

antaa yleiskuvaa erilaisista kansanperinteessä esiintyvistä kuvitteellisista olennoista ja niiden ominaisuuksista, jotka usein vaihtelevat eri yhteyksissä.

Perinneaineksen lisäksi jokaisen olentoryhmän kohdalla tarkastellaan lyhyesti samantapaisia olentoja kotimaisessa fantasiassa varhaisista taidesaduista 2000-luvun kirjallisuuteen sekä annetaan joitakin esimerkkejä käännösfantasiasta. Tässä ei pyritä perinpohjaiseen käsittelyyn eikä esitetä kattavia teosluetteloita, vaan keskitytään esittelemään muutamia fiktiivisten olentojen kannalta keskeisiä teoksia tai tyypillisiä esimerkkejä.

Toisinaan kuulee väitettävän, ettei maksa vaivaa lukea kotimaista fantasiaa, koska se on enimmäkseen englanninkielisen fantasian heikkoa kopiointia. Tietenkin käännösfantasia on vaikuttanut ja vaikuttaa jatkuvasti kotimaiseen fantasiakirjallisuuteen, sitä ei voi kieltää eikä siinä sinänsä ole mitään pahaa. Kotimaisessa fantasiakirjallisuudessa on kuitenkin paljon mielenkiintoista, omaperäistä ja jännittävää – usein mukana on jopa omaleimaisesti suomalaisia aineksia. Yhtenä tämän kirjan tarkoituksena onkin herättää kiinnostusta sekä kansanperinteeseen että kotimaiseen fantasiakirjallisuuteen. Edes perinteentutkija ei suinkaan pidä kaikelle kotimaiselle fantasialle välttämättömänä kotoisen perinneaineksen käyttöä. Toivottavasti kuitenkin edes yksi fantasian harrastaja löytää tästä kirjasta inspiraatiota myös omiin fantasiakirjoitelmiinsa.

9

Kansanperinteestä ja fantasiasta

Kansanperinteeseen kuuluu hyvin monenlaista ainesta: satuja ja tarinoita, uskomuksia, sanontoja, leikkejä, tansseja, juhla- ja työtapoja, rakennusten, tarvekalujen ja vaatteiden valmistustapoja ja niiden ominaispiirteitä sekä paljon muuta sellaista, joka on tyypillistä jonkin tietyn kansan tai ryhmän jakamalle kulttuurille. Tässä kansanperinteenä käsitellään kuitenkin lähinnä vain kertomusperinnettä.

Suullisesti kerrotut sadut ja tarinat ovat toimineet viihteenä kaikenikäisille siihen aikaan, kun ei ollut tarjolla elokuvia, televisiota eikä radiota; kirjat olivat harvinaisia ja sisälsivät enimmäkseen uskonnollisia aiheita. Satujen juonenkäänteet tarjosivat jännitystä ja romantiikkaa, ja monia uskomustarinoita on kerrottu kuohuttavina tositapauksina, jotka ovat antaneet pohdittavaa pitkäksi aikaa. Myös kalevalaiset runot, jotka nykyään komeilevat juhlatilaisuuksien pakollisina korkeakulttuurisina ohjelmanumeroina, ovat aikanaan kuuluneet tavallisten ihmisten elämään arjessa ja juhlassa.[1] Se, mikä on ollut kuulijoista tavalla tai toisella mielenkiintoista, on säilynyt ihmisten muistissa ja sitä on kerrottu kerran toisensa jälkeen. Esimerkiksi talosta toiseen kiertelevät ammattilaiset, kuten suutarit, toivat usein mukanaan uusia tarinoita.

Kaunokirjallisuudessa on kautta aikojen kuvattu yliluonnollisia ilmiöitä, mutta vasta kun valistusaika ja tieteellisen maailmankuvan muodostuminen saivat aikaan realistisen romaanin syntymisen, alettiin fantasiaa sisältävät kertomukset erotella realistisista kuvauksista.[2] Varhainen kiinnostus yliluonnolliseen liikkui aluksi pääasiassa kauhun piirissä;

10

1800-luvulla syntyi mm. goottilainen kauhuromaani. Toisaalta esimerkiksi Jules Vernen 1860-luvulta lähtien ilmestyneissä seikkailuromaaneissa oli jo science fictionin aineksia.[3] Fantasiakirjallisuus, sellaisena kuin se nykyään tunnetaan, on kuitenkin syntynyt vasta 1900-luvulla.

Suomalaisesta kansanperinteestä

Vanhin tieto suomalaisten kansanuskomuksista on Mikael Agricolan kirjaama; hän julkaisi *Davidin Psalttarin* suomennoksen esipuheessa vuonna 1551 runomuotoisen luettelon hämäläisten ja karjalaisten palvomista epäjumalista. Tämän jälkeen monet yksittäiset kansanperinteestä kiinnostuneet oppineet keräsivät omia kansanperinnekokoelmiaan. Varhaisia kansanperinnejulkaisuja olivat Henrik Florinuksen vuonna 1702 ilmestynyt sananlaskukokoelma[4], Christfrid Gananderin *Mythologia Fennica* vuonna 1789 ja Zacharias Topelius vanhemman viisi vihkoa kansanrunoja[5] vuosina 1822–1831. Näissä käytetyt laajat perinneaineistot tuhoutuivat Turun palossa vuonna 1827.

Suomessa on kansanperinnettä kerätty järjestelmällisesti talteen 1800-luvulta lähtien, kun kansallisromanttiset aatteet herättivät kiinnostusta kansanperinteeseen. Erityisesti Elias Lönnrotin työ yhtenäisen eepoksen muodostamiseksi kansan parista kerätystä aineistosta ja *Kalevalan* eri versioiden[6] ilmestyminen herätti kiinnostuksen kerätä talteen mahdollisimman paljon perinneaineistoja.[7] Opiskelijat tekivät perinteenkeräysmatkoja kansan pariin eri puolille Suomea ja Karjalaa; lisäksi aineistoa saatiin kansankerääjiltä, jotka kokosivat aineistoa

11

lähiympäristöstään ja lähettivät saaliinsa kirjeitse arkistolle. Tämän työn ansiosta Suomalaisen Kirjallisuuden Seuran aineistot muodostavat yhden maailman suurimmista kansanperinnekokoelmista.

Kansanperinteen kannalta Suomi on jaettu perinnealueisiin[8], joiden ominaispiirteisiin ovat vaikuttaneet monenlaiset maantieteelliset ja kulttuuriset seikat. Esimerkiksi vahvasti ortodoksisuuteen liittyvät piirteet eivät ole levinneet kauas ortodoksisen alueen ulkopuolelle. Kielirajat eivät kuitenkaan aina ole muodostaneet rajoja perinteelle, esimerkiksi suomenkielisen Etelä-Pohjanmaan peikkoperinne ja lähialueen ruotsinkielinen troll-perinne sisältävät hyvin samankaltaisia aineksia.[9] Suomalaisen Kirjallisuuden Seuran kansanrunousarkisto on kuitenkin keskittynyt nimenomaan suomenkieliseen perinneaineistoon.[10]

Perinnelajit

Suullista kansanperinnettä on tapana luokitella eri perinnelajeihin, kuten sanalaskut, arvoitukset, loitsut tai itkuvirret. Proosamuotoisen kertomusperinteen ensimmäinen tieteellinen lajityyppijako on Grimmin veljesten laatima; he erottivat toisistaan myytin, sadun ja tarinan. Tämän kirjan kannalta kiinnostavia perinteenlajeja ovat erityisesti kertomusperinteeseen kuuluvat uskomustarinat sekä sadut. Muutaman kerran viitataan myös kansanrunouteen, erityisesti loitsuihin.

Uskomustarinoiden on nimensä mukaisesti ajateltu sisältävän asioita, joihin yhteisössä on uskottu. Kansansaduissa voi esiintyä hyvin samantapaisia olentoja ja tapahtumia kuin uskomustarinoissa, mutta sadun ja

12

uskomustarinan välillä on periaatteessa hyvin selvä ero: uskomustarina kerrotaan totena tai mahdollisesti totena, mutta satua ei ole tarkoitus uskoa todeksi. Käytännössä ero uskomustarinan ja sadun välillä on kuitenkin joskus liukuva, sillä toisinaan myös erilaisista uskomusolennoista kertovat uskomustarinat ovat uusille alueille levitessään alkaneet muistuttaa satua.[11] Joskus tarinoista on erotettu varsinaisten uskomustarinoiden ja satujen välille sijoittuvat satu- tai fantasiatarinat, joita on nimitetty ajanvietetarinoiksi.[12]

Uskomustarinoiden lisäksi uskomusainesta käsittelevät myytit ja legendat. Perinnetieteellisen määritelmän mukaan myytti on "uskonnolliseen maailmankäsitykseen kuuluva kertomus suuren alkuajan (maailman luomiskauden, ratkaisevan 'alkuhetken') perustavanlaatuisista tapahtumista ja jumalten (kulttuuriheerosten, sankarien jne.) esikuvallisista teoista."[13] Legendat puolestaan ovat alun perin olleet pyhiä tekstejä, kristillisten pyhimysten elämäkertoja. Määritelmän mukaan legenda on pyhiin henkilöihin liittyvä kertomus, jolla on kertojalleen maailmankatsomuksellista merkitystä.[14] Arkipuheessa myytti tarkoittaa usein jonkinlaista epätotuutta, virheellistä käsitystä tai harhaluuloa. Legenda puolestaan kuvaa positiivista erityisyyttä, "legendaarista". Tosin myös legenda voi joskus merkitä valhetta tai väärää tietoa; samaan tapaan kuin vääräksi osoitettu uskomus voi olla "pelkkä myytti", liioitteleva väite voi arkipuheessa olla "pelkkää legendaa".

Uskomustarinat

Uskomustarina (aikaisemmin myytillinen tarina) on tutkijoiden käyttöön ottama nimitys kansankertomuksille, joissa esiintyy kansanuskon[15] alueelle kuuluvia olentoja tai tapahtumia. Uskomustarinoiden lisäksi kansantarinoihin kuuluvat *historialliset tarinat* ja *paikallistarinat*, jotka eivät sisällä yliluonnollisia uskomusaineksia. Uskomustarinaa kutsutaan tutkimuskirjallisuudessa *memoraatiksi*, kun yliluonnollisten tapahtumien kerrotaan sattuneen kertojalle itselleen tai hänen lähipiiriinsä kuuluvalle henkilölle.

Uskomustarinat noudattavat "perinteen kielioppia", jossa on kaksi tärkeää sääntöä. Ensinnäkin yhdessä tarinassa kerrotaan aina vain yhdenlaisesta uskomusolennosta, eikä eri olentoja koskaan yhdistetä samaan tarinaan. Toiseksi konkreettiset uskomustarinat kiinnittyvät aina tiettyyn maantieteelliseen ympäristöön, koska samoilla uskomusolennoilla on eri alueilla eri nimityksiä ja samat aihelmat voivat eri seuduilla liittyä eri olentoihin.[16] Tässä kohtaa fantasia eroaa uskomustarinasta hyvin selvästi. Fantasiakertomus voi toki aivan hyvin rakentua yhdenlaisen olennon varaan; esimerkiksi vampyyrikertomuksissa ei välttämättä tarvita vampyyrien lisäksi muita olentoja eikä takapihalta löydetty peikonpoikanen edellytä muiden fantasiaolentojen kuin peikkojen olemassaoloa. Fantasiakertomuksessa minkään olennon kuvaaminen ei kuitenkaan sulje pois muiden olentojen esiintymismahdollisuutta, ja monenlaisten fantasiaolentojen esiintyminen samassa fantasiakertomuksessa on aivan tavallista. Myöskään perinteen alueellisuus ei kovin tiukasti rajoita fantasiaolentojen käyttöä. Esimerkiksi alun perin vahvasti

14

itäeurooppalaiseen perinteeseen kuuluneita vampyyreja voi fantasiassa esiintyä aivan millä alueella tahansa. Myös vampyyri-nimitys on vakiintunut fantasiassa yleiseen käyttöön, vaikka eri alueiden kansantarinoissa on tunnettu muitakin nimityksiä.

Uskomustarinat ovat tavallisesti lyhyitä kertomuksia, joissa muutamalla lauseella kuvataan erikoisen tapahtuman pääasiat. Yksityiskohtia kuvaillaan vain juuri sen verran, kuin tarinan käsittämiseksi on tarpeen:

Muuan tytär oli mennyt metsään, eksynyt sinne ja joutunut karhun pesään. Karhu oli tehnyt sille pojan, pennun. Ja niille oli aina tuotu ruokaa, kaikenlaista ruokaa, mutta ei sellaista, että siitä olisi ollut mitään ulostekemistä. Maahiaiset heitäkin ruokkivat.[17]

Tarinan lukija haluaisi ehkä tietää tapahtumista monenlaisia isompia ja pienempiä asioita ja jää ehkä vielä miettimään, mitä sitten myöhemmin tapahtui. Täydennykset on kuitenkin tehtävä oman mielikuvituksen avulla, sillä muistiinmerkitty tarina ei kerro tämän enempää.

Uskomustarinoissa ei yliluonnollista juuri selitellä, usein se vain tiedetään:

Kerran 2 poikaa ottivat laitumelta hevoset juhannusaattoiltana ja läksivät niillä ajamaan. Kun he olivat hetken ajaneet, saapuivat he Euraniitylle. Siellä oli koko niitty täynnä valkeita hevosia, jotka alkoivat hirnua näille hevosille. Silloin pojat ymmärsivät, etteivät ne valkoiset hevoset olleet oikeita hevosia, vaan haltioita ja läksivät ajamaan takaisin, mutta nyt eivät hevoset tahtoneet päästä enään ensinkään kulkemaan.[18]

Juhannusyön on usein mainittu olevan erityisen otollinen kaikenlaiselle taikuudelle, ja suuri määrä valkoisia hevosia vihjaa, ettei tilanne ole aivan tavanomainen. Kertoja ei kuitenkaan pidä tarpeellisena kuvailla tapahtumia enempää, vaan toteaa yksinkertaisesti "pojat ymmärsivät". Vaikeus pois pääsemisessä vahvistaa, että yliluonnollisesta kokemuksesta todella oli kyse.

Tarinoita ja satuja on kerrottu ajanvietteeksi esimerkiksi pitkinä talvi-iltoina. Toisin kuin sadut, tarinat ovat kertoneet tositapahtumista, erikoisista, kummallisista, pelottavistakin. Tarinoiden totuutta vahvistivat usein niissä mainitut henkilöiden ja tapahtumapaikkojen nimet. Tarinat ovat usein sisältäneet ainakin epäsuoria opetuksia yliluonnollisesta (kodinhaltiaa on kohdeltava hyvin; vainajia ei kannata kutsua leikillä; maahisten ruokaa ei pidä syödä), mutta samalla ne ovat opettaneet yhteisön sääntöjä (talon töissä on oltava huolellinen; kuolleita on kunnioitettava; metsään meneminen voi olla vaarallista).

Uskomustarinoiden on ajateltu kuvastavan kertojiensa uskomusmaailmaa, kansanuskoa. Kansakoulunopettaja J. Tyyskä kirjoitti kansanrunousarkistolle kansanuskomuksista vuonna 1902: "Hiittä, tonttua, haltijaa pelkäsi mies, joka tappelussa oli sankari."[19] Paradoksaalista kyllä, yliluonnollisiin olentoihin uskomista on aikanaan vahvistanut myös kristinoppi, sillä Raamatun vuoden 1642 käännöksessä mainittiin hiidet ja vuoden 1685 käännöksessä puhuttiin useammassa kohdassa kalevanpojista; katkismuksessa varoitettiin turvautumasta piruihin, noitiin, tonttuihin, metsän- tai vedenhaltioihin; aapisen ja virsikirjan rukouksissa ja virsissä pyydettiin suojelemaan mm. peikoilta. Seurakuntalaisen johtopäätös oli selkeä: "Vai ei niitä ole pököjä, tonttuja, aaveita, haltijoita, möröjä, pörröjä ja itse piruja. Niin sanoo Lutheruskin ja kieltää niiltä apua etsimästä."[20]

16

Suomalaisen Kirjallisuuden Seuran kansanrunousarkistoon on kerätty tarinoita 1800-luvun puolivälistä lähtien. Uskomustarina-aineisto on kopioitu arkistoon kortistoksi, johon 1960-luvulla liitettiin aineistoa kirjallisista lähteistä ja muista arkistoista. Vuosien 1958 ja 1961 tarinoihin keskittyneiden kilpakeräysten jälkeen uskomustarinoita on tullut arkistoon hyvin vähän. Vuonna 1998 uskomustarinakortistossa oli noin 100 000 uskomustarinaa ja memoraattia, tämän jälkeen uskomustarinakortistoa ei ole enää täydennetty.[21] Kansanrunousarkiston uskomustarinakortisto on järjestetty uskomustarinoiden tyyppi- ja motiiviluettelon[22] mukaisesti 15 pääluokkaan. Keskeisenä jaottelukriteerinä on ollut tarinassa esiintyvä supranormaali voima tai olento, toisinaan myös tarinan funktio.[23] Kun olentojen nimitykset vaihtelevat alueellisesti ja samantapainen toiminta voidaan liittää eri olentoihin, monilla tarinoilla olisi useampi mahdollinen sijoituspaikka. Luokittelu on siten edellyttänyt tutkijan tulkintaa siitä, mikä kussakin tarinassa on keskeistä.[24] Esimerkiksi ihmissudet, jotka varsinkin fantasiaharrastaja mielellään tulkitsisi omaan ryhmäänsä luokiteltaviksi uskomusolennoiksi, löytyvät ryhmän Tietäjät ja noidat alaosastona. Arkistoon tallennettujen vanhempien (1850–1950 kerättyjen) ja uudempien (1958 ja 1961 talletettujen) uskomustarinoiden sisällössä on nähtävissä selvä muutos. Uudemmassa aineistossa on prosentuaalisesti selvästi aikaisempaa enemmän enteisiin ja kohtaloon sekä kuolemaan, vainajiin ja kummitteluun liittyviä tarinoita, sen sijaan haltioihin, peikkoihin ja jättiläisiin liittyvien tarinoiden prosenttiosuudet ovat vähentyneet.[25]

17

Kansansadut

Sadut määritellään maallisiksi kertomuksiksi, joiden sepitteellisyys on ilmeinen. Sadun tapahtuma-aika ja -paikka ovat epämääräiset, ja sadun päähenkilö voi olla ihminen tai ei-ihminen. Satu alkaa usein kaavamaisella aloituksella, kuten *olipa kerran* tai *ennen muinoin, kun toivomisesta vielä oli apua*. Tällainen aloitus kertoo heti kuulijalle, että kysymyksessä on satu, jota ei ole tarkoitettu otettavaksi todesta.

Kansansatujen alkuperäisiä sepittäjiä ei tiedetä. Sadut ovat säilyneet muistin varassa ja niiden sisältö on vaihdellut hiukan esityskerrasta toiseen kertojan, kertomistilanteen ja kuulijoiden mukaan. Kansansadusta ei siten ole olemassa yhtä ainoaa "oikeaa" versiota.

Sadunkerronta on ollut mieluisaa ajankulua ja suosittua viihdettä aikana, jolloin ei ole ollut televisiota, radiota tai videopelejä. Kotipiirissä iltaisin kerrottujen satujen kuulijoina ovat olleet kaikki kynnelle kykenevät lapsista vanhuksiin. Satuja ovat kertoneet ja kuunnelleet myös miehet keskenään, esimerkiksi talvisilla metsäkämpillä hyvä sadunkertoja on ollut arvostettu henkilö.

Suomessa kansansaduista suosituimpia ovat olleet ihmesadut ja eläinsadut. Ihmesaduissa on ihmispäähenkilö ja sadussa on jokin todellisuuden ylittävä elementti, kuten taikaesine, puhuva eläin, yliluonnollinen henkilöhahmo, muodonmuutos tai ihmisen suorituskyvyn ylitys.[26] Eläinsaduissa eläimet toimivat ihmisten tapaan, esimerkiksi viljelevät maata, ja ne puhuvat keskenään tai ihmisten kanssa. Eläinsatujen kymmenestä suosituimmasta eläimestä neljä ensimmäistä ovat metsäeläimiä, nimittäin kettu, karhu, susi ja jänis. Loput kuusi ovat kotieläimiä tai kotipiirissä esiintyviä eläimiä: hevonen, kissa, pässi, koira, hiiri ja sika.[27]

Muita kansansatutyyppejä ovat legendasadut, novellisadut ja pilasadut. Legendasaduissa esiintyy legendojen henkilöitä, esimerkiksi Jeesus tai Pyhä Pietari voivat kulkea kerjäläisenä Suomessa. Myös piru voi esiintyä legendasadussa. Novellisadut muistuttavat ihmesatuja; molemmat ovat "pitkiä fiktiivisiä ajanvietekertomuksia, joiden päähenkilöinä toimivat ihmiset."[28] Novellisatu voi olla hyvin mielikuvituksellinen, mutta kuitenkin ilman varsinaisia ihmeaineksia. Pilasaduissa kerrotaan joskus varsin ronskejakin juttuja esimerkiksi papeista tai aviopuolisoiden välisistä suhteista. Pilasatuihin luetaan usein myös valhesadut ja hölmöläissadutkin. Sadut tyhmästä paholaisesta luokitellaan tavallisesti omaksi ryhmäkseen, osa näistä saduista muistuttaa ihmesatuja, osa taas pilasatuja.[29]

Kansansatu kuuluu harvoin vain yhdelle kansalle. Useimmat kansansaduista ovat levinneet laajalti, vaikka niissä toki on alueellista paikallisväriä. Satujen tutkijat luokittelevat satuja eri tyyppeihin, jotka on koodattu kirjaimilla ATU[30] ja satutyypin numerosarjalla. Tyyppikoodi kertoo heti, minkälaisesta sadusta on kysymys. Esimerkiksi koodi ATU 510 tarkoittaa laajalle levinnyttä satutyyppiä, joka tunnetaan yleisesti Tuhkimo-nimisenä.

Satujen leviämistä ovat edistäneet painetut satujulkaisut. Ranskalainen Charles Perrault (1628–1703) julkaisi vuonna1697 joukon kansansatupohjaisia satuja kokoelmassa *Contes de ma mère l'Oie* (suomennettu nimellä *Hanhiemon tarinoita*). Runsaat sata vuotta myöhemmin Sak-sassa Grimmin veljekset Jacob (1785–1863) ja Wilhelm (1786–1859) ke-räsivät kansansatuja ja julkaisivat vuonna 1812 kokoelman *Kinder- und Hausmärchen*. Suomalaisten kansansatujen kokoelmissa on samoja satu-tyyppejä, joita esiintyi Perrault'n ja Grimmien julkaisuissa sekä lisäksi muita, esimerkiksi *Tuhannen ja yhden yön tarinoista* tuttuja satutyyp-pejä. Satujen alkuperästä, iästä ja leviämistavoista on esitetty monenlai-sia teorioita sekä yksittäisten satujen että koko lajin osalta.[31]

Suomalaisen Kirjallisuuden Seuran kansanrunousarkistoon talletetuista kansansaduista on koottu useampia julkaisuja. Niistä ensimmäinen oli ylioppilas Erik Rudbeckin (kirjailijanimeltään Eero Salmelainen) toimit-tama neliosainen *Suomen Kansan Satuja ja Tarinoita*, jonka osat ilmes-tyivät vuosina 1852, 1854, 1856 ja 1866. Salmelaisen kokoelmaa pidet-tiin ansiokkaana ja se sai paljon kiitosta mm. kauniin suomenkielensä tähden. Kun kokoelman karttuivat, haluttiin uusi, mahdollisimman tie-teellinen satujulkaisu, josta ilmestyi kaksi osaa: Kaarle Krohnin kokoama *Suomalaisia kansansatuja 1. Eläinsatuja* (1886) sekä Kaarle Krohnin ja Lilli Liliuksen toimittama *Suomalaisia kansansatuja 2. Kuninkaallisia sa-tuja*, josta ilmestyi sekä kansanomainen painos (1892) että tieteellinen painos (1893). Tämän jälkeen oli satujulkaisuissa pitkä tauko, kunnes vuonna 1972 ilmestyi uuden *Suomalaisia kansansatuja* -sarjan ensim-mäinen osa Pirkko-Liisa Rausmaan toimittamana.[32] Kuusiosaiseen *Suo-malaisia kansansatuja* -kokoelmaan on valittu näytteeksi satu jokaisesta Suomessa tunnetusta, kansanrunousarkistoon tallennetusta satutyy-pistä.

Kansanrunous

Kalevalamittaiseen runouteen kuuluu monenlaista aineistoa, kuten epiikkaa (johon kuuluu sekä Kalevala-aiheisia että muita kertovia runoja), lyriikkaa (joka sisältää runoja mm. huolesta, orpoudesta ja lemmestä), häärunoja, työlauluja, tanssi- ja leikkilauluja, lastenloruja, loitsuja, kehtolauluja, rahvaanrunoja ja sananlaskurunoja.[33] Kysymys on siis hyvin monenlaisesta runoudesta, jolle on yhteistä nimenomaan muoto, kalevalamitta.[34]

Tässä kirjassa kansanrunoudesta mainitaan erityisesti loitsut. Loitsu voidaan määritellä sanakaavaksi, jolla uskotaan olevan maaginen vaikutus. Loitsut jaotellaan usein sisältönsä mukaan rukousloitsuihin, kertoviin loitsuihin, syntyloitsuihin ja manausloitsuihin, joista useampiakin voi esiintyä saman loitsuluvun osana. Yhdellä tietäjällä on ollut käytössään omat loitsunsa, joiden säilyttäminen muuttumattomina on ollut hänelle tärkeää, sillä loitsun teho on riippunut siitä, että se lausutaan täsmälleen oikein. Käytännössä kuitenkin myös loitsuissa on tapahtunut jatkuvaa muuttumista kuten kaikessa muussakin kansanperinteessä.[35]

Kansanrunousarkiston kalevalamittaisesta runoudesta suurin osa on julkaistu laajassa *Suomen Kansan Vanhat Runot* -teossarjassa, johon vuonna 1997 ilmestyi vielä yksi täydennysosa. *Suomen Kansan Vanhojen Runojen* runotekstit ovat luettavissa myös verkossa Suomalaisen Kirjallisuuden Seuran sivuilla, osoitteessa http://dbgw.finlit.fi/skvr/.

Kertomusperinteen kuvitteelliset olennot

Suomalaisissa uskomustarinoissa kerrotaan monenlaisista kuvitteellisista olennoista: haltioista, peikoista, hiisistä, maahisista, jättiläisistä, piruista, vainajista, ihmissusista... Satukirjojen tai irlantilaisen taruston keijukaisia ei Suomessa ole esiintynyt. Myöskään skandinaaviseen tarustoon kuuluvia kääpiöitä ei ole täällä tunnettu, vaikka haltiat ja muut olennot saattoivatkin toisinaan olla pieniä ukkoja ja akkoja.

Kansanperinteessä esiintyvät supranormaalit (yliluonnolliset, kuvitteelliset) olennot eivät suinkaan muodosta yksiselitteistä järjestelmää, johon jokainen olento ja kertomus sopii sievästi, vaan melkeinpä päinvastoin: tutkijoiden samoiksi käsittämillä olennoilla on eri alueilla ollut erilaisia nimityksiä ja eri alueiden suosituimpiin olentoihin on liittynyt paljon tarinoita, myös sellaisia, jotka muualla liittyvät johonkin toiseen olentoon. Samat aihelmat voivat siis eri seuduilla liittyä eri olentoihin.

Uskomustarinoissa esimerkiksi ihmisen kutsuminen yliluonnollisen olennon kätilöksi, tarinat vaihdokkaista tai kertomukset yliluonnollisten olentojen lihavasta karjasta, josta ihminen saattoi saada yhden tai useampia eläimiä omakseen, liitetään monenlaisiin olentoihin, kuten maahisiin, kufittariin, peikkoihin tai vedenhaltioihin.

Yliluonnollisista olennoista käytetään erittäin monia eri nimityksiä, jotka ovat osittain päällekkäisiä ja sekoittuneet toisiinsa. Esimerkiksi hiisiksi on eri tarinoissa voitu nimittää sekä peikkoja, maahisia että jättiläisiä, ja hiisi on esiintynyt myös pirun rinnakkaisnimityksenä. Hiisi on kansanuskomuksissa voinut merkitä paitsi uskomusolentoa myös (kultti)paikkaa, pyhää lehtoa.[36] Piru on eräs tarinoiden suosikkiolennoista; sille löytyy uskomustarinoista yli sata eri nimitystä. Toisaalta piruksi on voitu nimittää ylipäänsä lähes mitä tahansa tarkemmin määrittelemätöntä yliluonnollista olentoa; toisinaan myös yhdistyneenä esiintymispaikkaan (metsäpiru, riihipiru). Kansantarinoiden vainaja- ja kummitusolennoilla on myös erittäin paljon eri nimityksiä, mm. "liekkiö, ihtiriekko, heitto, äpärä; kotona kulkevat vainajat; menninkäiset, mänkiäiset, hittuset, kakkiaiset, kalmahiset, keijuset eli keikkaat, kirkon tyhjät, manalaiset, alatuvan väki, kirkonväki, kirkkomaan väki, liika väki, maan väki, manhon väki, musta väki, pikku väki, vanha väki; tyhjäset, olemattomat jne."[37] Jotkut nimitykset ovat vahvasti paikallisia. Esimerkiksi surmatuista, kummittelevista lapsista on tietyllä alueilla käytetty nimitystä ihtiriekko, toisaalla uloskannettu tai liekkiö, mutta olento itse ja siitä kerrotut tarinat ovat hyvin samankaltaisia. Myös vuorenpeikoista, vetehisestä tai kalevanpojista kertovien tarinoiden alueet[38] ovat melko tarkkaan rajattavissa. Muita peikko-olentoja, vedenhaltioita ja jättiläisiä on kuitenkin tunnettu muilla alueilla.

Uskomustarinoissa esiintyvät yliluonnolliset olennot on joskus tutkimuksissa pyritty jaottelemaan toisaalta vainaja-, kummitus- ja sieluolentoihin[39] ja toisaalta luonnonolentoihin.[40] Vainajaolentojen ja luonnonolentojen välisestä suhteesta on käyty aikanaan melko laajaa keskustelua, sillä monet tutkijat ovat nähneet haltia- ja maahisuskomusten taustalla viitteitä vainajauskomuksiin. On pohdittu, onko esimerkiksi maahisuskomusten syntyminen ollut yhteydessä käsityksiin maan alle haudattujen vainajien toiminnasta. Nimitys luonnonolento on kuitenkin otettu

23

käyttöön teknisenä terminä, vaikka sen ei välttämättä ajateltaisikaan selittävän kyseisen olennon alkuperää.[41]

Suhtautuminen yliluonnolliseen olentoon on ollut aivan erilainen uskomustarinassa ja sadussa. Uskomustarinoiden supranormaalit olennot ovat ainakin mahdollisesti vaarallisia. Uskomustarinoiden mukaan näihin olentoihin on suhtauduttava vakavasti ja suurta varovaisuutta noudattaen, joten tarinoissa tiedotetaan, varoitetaan ja annetaan neuvoja niiden suhteen. Ihmesaduissa taas suorastaan kannustetaan huolettomaan ja rohkeaan lähestymiseen. Saduissa monenlaiset yliluonnolliset olennot (kuten pirut, jättiläiset, vainajat ja haltiat) esitetään joko aina voitettavissa tai huijattavissa olevina vihollisina tai suorastaan ihmisen auttajina. Sadussa yliluonnollisuus kuuluu siten ihmisen hallittaviin asioihin, kun taas uskomustarinoiden yliluonnollinen kuuluu selvästi alueelle, joka ei ole ihmisen kontrolloitavissa.[42]

Fantasiakirjallisuudesta

Tässä kirjassa käsitellään *fantasiaolentoja* ja kerrotaan *fantasiakirjallisuudesta*. Fantasia-nimitystä käytetään laajassa merkityksessä eli tässä kirjassa "fantasiaa" on kaikki sellainen kirjallisuus, jossa käytetään tiukasti tulkittuun reaalimaailmaan kuulumatonta ainesta, olipa kysymyksessä sitten peikot, lentävät lautaset tai kummittelu. Käsiteltäväksi on otettu kuitenkin vain sellaisia fantasiaolentoja, joilla on jonkinlainen yhteys kansanperinteen uskomusolentoihin.

24

J. R. R. Tolkienin mukaan fantasia vastaa ihmisen kaipuuseen ja uteliaisuuteen saada tietää; ihminen haluaa tietää, miltä tuntuisi elää merenalaisessa maailmassa, lentää kuin lintu tai keskustella muiden lajien kanssa.[43] Fantasialle onkin tyypillistä pohdiskelu: entäpä jos..? Entä, jos kotonamme puuhailisi kodinhaltia tai metsissä todella asuisi peikkoja? Millaista elämämme olisi, jos ulkoavaruuden olennot olisivat valloittaneet maapallon? Mitäpä, jos pystyisimme ajatuksen voimalla siirtelemään esineitä tai pitämään yhteyttä ystäviimme? Millaiseksi maailma muodostuisi, jos lääketiede onnistuisi kehittämään keinot ikuisen elämään? Minne lähtisimme, jos aikamatkustus olisi mahdollista?

Fantasian lajeja

Laajasti tulkittua fantasiaa nimitetään usein *spekulatiiviseksi fiktioksi*, johon voi kuulua "fantasia- ja tieteiskirjallisuus, kauhukertomukset, vaihtoehtohistoriat, paleofiktio ja teknotrillerit"[44] tai sen voidaan määritellä käsittävän tieteis-, fantasia- ja kauhukirjallisuuden lisäksi "valtavirtafiktion fantastiset alalajit", joita ovat maaginen realismi, absurdismi ja surrealismi.[45]

Fantasian tai spekulatiivisen fiktion lajeja voi eri määritelmin jaotella lähes loputtomiin, esimerkiksi Pamela S. Gatesin, Susan B. Steffelin ja Francis J. Molsonin toimittama *Fantasy Literature for Children and Young Adults* luokittelee kolmetoista lastenfantasian tyyppiä, joista muutamilla on kymmeniä alatyyppejä. Fiktiivisten olentojen käsittelyn kannalta tarkan tekstilajityypin määritteleminen ei ole kovinkaan olennaista, mutta

25

jonkinlainen yleiskatsaus fantasiaa sisältävän kirjallisuuden keskeisiin lajeihin lienee silti paikallaan.

Taidesatu

Taidesadulla tarkoitetaan kaunokirjallista satua, jonka on kirjoittanut nimeltä tiedetty tekijä, erotuksena tuntemattoman tekijän luomasta kansansadusta. Kirjoitettu taidesatu on tavallisesti paljon jäsennellympi kokonaisuus kuin suullisesti leviävä kansansatu, joka voi luettuna vaikuttaa kovin kömpelöltä ja epäjohdonmukaiselta. Sisällöltään kansansaduissa ja taidesaduissa voi olla hyvin samantapaisia aineksia, vaikka uusissa kaunokirjallisissa saduissa voi tietenkin olla myös aivan nykyaikaisia asioita. Joskus taidesaduista erotaan omaksi ryhmäkseen vielä sellaiset sadut, joiden päähenkilönä ei ole ihminen, esimerkiksi eläinsadut ja sadut, jossa leikkikalut elävät.[46]

Rajanveto fantasia-aineksia sisältävän sadun ja varsinaisen fantasiakertomuksen välillä ei aina ole itsestään selvää, mutta erottavia tekijöitä on usein löydettävissä.. Esimerkiksi yksityiskohtien määrä ja kerronnan tarkkuus ovat sadussa ja fantasiassa tavallisesti erilaiset. Sadussa useimmiten kuvataan vain tapahtumien kannalta olennaiset asiat, kun taas fantasiakirjoissa henkilöt ja -paikat on tavallisesti nimeämisen lisäksi usein määritelty sukupuilla ja kartoilla sekä taustoitettu monenlaisilla historiallisilla ja muilla yksityiskohdilla. Fantasiaa onkin sanottu myös "eksaktiksi kirjoitetuksi saduksi".[47]

26

Eräs varhaisista taidesadun mestareista oli tanskalainen Hans Christian Andersen (1805–1875). Suomessa sadun kehittäjistä tärkein oli "satusetä" Zacharias Topelius (1818–1898), joka kirjoitti satunsa ruotsiksi. Molempien satuja suomennettiin jo varhain, vuosina 1848–1850 Suomessa julkaistiin nimittäin kymmenen satuvihkoa, jotka sisälsivät suomennettuja Andersenin, Topeliuksen ja Grimmin veljesten satuja.[48] Aluksi satuja julkaistiin erityisesti lastenlehdissä. Näistä ensimmäisen oli ruotsinkielinen *Eos*, joka ilmestyi vuosina 1854–1866. Muita keskeisiä suomalaisia lastenlehtiä ovat olleet vuosina 1871–1880 ilmestynyt *Pääskynen, Uusi Pääskynen* (1906–1935), *Valistuksen Lastenlehti* (1909–1956) ja *Sirkka* (1919–1945).[49] Suomessa ja muissakin Pohjoismaissa erityisesti 1900-luvun ensimmäiset vuosikymmenet olivat taidesadun kulta-aikaa, jolloin satu- ja fantasia-aiheet inspiroivat kirjailijoiden lisäksi kuvataiteilijoita ja säveltäjiä.[50]

Fantasiakirjallisuus

Fantasiakirjallisuus on "fiktiota, joka herättää ihmeen tunteen ja joka sisältää olennaisena ja palauttamattomana osana yliluonnollisia tai mahdottomia maailmoja, olentoja tai objekteja, jotka tulevat kertomuksen kuolevaisten henkilöille tai lukijalle tutuiksi ainakin osittain."[51] Fantasiakirjan tunnusmerkkinä voidaan pitää jonkin fantasiamotiivin läsnäoloa. Tällainen fantasiamotiivi voi olla taikaesine tai fantasiaolento, mutta myös laajemmin esimerkiksi tavallisesta maailmasta poikkeava fantasiamaailma.[52]

27

Nykymuotoisen fantasian syntymiseen on keskeisesti vaikuttanut J. R. R. Tolkien. Hänen teoksensa *Taru sormusten herrasta* herätti suurta kiinnostusta fantasiaan erityisesti ilmestyessään Yhdysvalloissa pokkariversiona 1960-luvulla. *Taru sormusten herrasta* oli ilmestyessään melko tavalla erilainen kuin sitä edeltävät fantasiaromaanit, sillä se oli huolellisessa ja realistisen tuntuisessa fantasiamaailman kuvauksessaan ja juonirakenteessaan nimenomaan aikuisia lukijoita viehättävä kirja. Onkin sanottu, että Tolkien sai lukijansa "löytämään kadottamansa paikan universumissa."[53]

Varsinkin nuorten fantasiakirjoissa päähenkilö on usein pieni, nuori tai muuten mitättömän oloinen, mutta täyttäessään tehtäväänsä hän kasvaa henkisesti vahvaksi, ymmärtäväksi ja osaavaksi, joskus jopa koko maailman pelastajaksi. Erityisesti lasten ja nuorten fantasiaan kuuluu tavallisesti onnellisen lopun luoma lohtu, jota J. R. R. Tolkien nimitti *eukatastrofiksi*, myönteiseksi katastrofiksi. Se on yllättävän, iloisen käänteen luoma henkeäsalpaava tunne, joka "saa sydämen tykyttämään ja kevenemään ja vie kuulijan kyynelten partaalle".[54]

Fantasiaan yhdistetään toisinaan kaavamaisuus ja loputtoman pitkät kirjasarjat. Kirjallisuudentutkija Brian Attebery on tiivistänyt kaavamaisen fantasiakirjan tapahtumat muutamaan virkkeeseen. Hän näkee kaavamaisen fantasian kuvaavan keskiaikaistyylistä maailmaa, johon on sijoitettu (usein ekologinen) ongelma ja sen ratkaisua koskeva ennustus. Henkilöinä esiintyvät naiivi, tavallinen sankari, tämän koominen kumppani, vanha viisas neuvonantaja sekä lähes kaikkivoipa paha konna. Tarina etenee kohti ennustuksen toteutumista ja toissijaiset episodit täytetään erilaisilla kohtaamisilla myyttisten olentojen ja ei-ihmisrotujen kanssa.[55]

Fantasiakirjallisuus on kuitenkin tavattoman monimuotoista ja sitä voidaan jaotella hyvin monella tavalla. Usein tehdään jakoa korkeaan ja matalaan fantasiaan[56] tai yhden ja kahden maailman fantasiaan.[57] Lisäksi voidaan puhua esimerkiksi etsintä-, muodonmuutos- ja aikamatkafantasioista tai erilaisista fantasian alatyypeistä kuten *miekka ja magia*.[58] Fantasiaa voidaan myös luokitella sen mukaan, mistä se on ammentanut inspiraatiota, esimerkiksi itämaiset fantasiat, Artur-fantasiat tai Atlantis-fantasiat. Fantasiaan kuuluvat myös huumoripitoiset fantasiakirjat sekä fantasiaparodiat.

Kauhukirjallisuus

Kauhukirjallisuuden alku nähdään tavallisesti 1700-luvun loppupuoliskolta 1800-luvun puoliväliin sijoittuneessa anglosaksisen kirjallisuuden kauhuromanttisessa juonteessa, jota nimitetään goottilaiseksi romaaniksi. Goottilainen kauhukuvasto liikkuu realismin ja fantasian välimaastossa, kauhutunnelma syntyy usein tavalliseen elämään limittyvistä viittauksista yliluonnolliseen. Dramaattisimmat tapahtumat ovat tyypillisesti sijoittuneet ukkosmyrskyn riepottelemiin vanhoihin linnoihin ja täysikuun valaisemille hautausmaille. Erityisesti Pohjois-Amerikassa kauhukirjallisuus on ollut tärkeä fantasiakirjallisuuden suuntaus.

Kauhukirjallisuuteen kuuluvat usein jonkinlaiset hirviöt, jotka voivat olla epämääräisiä ja peräisin jostakin toisesta ulottuvuudesta, kuten esimerkiksi usein H. P. Lovecraftin novelleissa, tai kuoleman takaa, kuten erilaiset kummittelijat tai vampyyrit. Kauhun lähteenä voivat olla myös erilaiset yliluonnolliset voimat, jotka voidaan liittää esimerkiksi noituuteen, tuntemattomiin kykyihin, paholaiseen tai unohdettuihin jumaliin. Lisäksi kauhukirjallisuuden materiaalia ovat psykopaatit, mielisairaalat, mielen järkkyminen ja ylipäänsä monenlaiset oudon ja vieraan tuntuiset tapahtumat, jotka eivät ole hallittavissa tai ennustettavissa.[59] Kauhuainesten kammottavuus liittyy usein siihen, että ne jäävät pohjimmiltaan selittämättömiksi ja sellaisina uhkaaviksi. Tällaiset olennot tai voimat kuvataan kauhufiktiossa usein lähes voittamattomina ja pysäyttämättöminä myös silloin, kun ne esiintyvät muodoissa, jotka olisivat rationaalisesti ajatellen fyysisesti aivan mitättömän heikkoja.[60]

Kauhukirjallisuudessa on perinteisesti pyritty jonkinlaiseen kauhuelämykseen tai -kokemukseen. Fantasiassa käytetään kuitenkin nykyään paljon kauhuperinteen aineksia ilman varsinaisen kauhuelämyksen tavoittelua. Kauhun alueelle määritellään toisinaan myös sellaiset lapsille suunnatut kirjat, joiden päähenkilönä tai tärkeänä sivuhenkilönä on kummitus, vampyyri tai jokin muu, tavallisesti kauhukirjallisuuteen kuuluva olento. Esimerkiksi Suomessa 1990-luvulla ilmestyneen kauhukirjallisuuden bibliografiaan[61] on listattu peräti 21 lasten kuvakirjaksi luokiteltua teosta sekä lisäksi tusinan verran muita, nimenomaan lapsille suunnattuja kauhuaihelmia hyödyntäviä kirjoja. Onko esimerkiksi nykyaikaisessa vampyyrikirjallisuudessa kysymys kauhukirjallisuudesta vai jostakin muusta, on tulkinnanvarainen kysymys ja riippuu luokittelukriteereistä ja luokittelun tarkoituksesta.

Tieteiskirjallisuus

Tieteiskirjallisuudella tarkoitetaan sellaista spekulatiivista kaunokirjallisuutta, jossa todellisella tai kuvitellulla tieteellä tai teknologialla on merkittävä rooli. Tieteen saavutukset voidaan kuvata yhtä hyvin ihmiskunnan hyvinvoinnin lähteeksi kuin tuhoa tuottaviksi tai orjuuttaviksi. Tieteiskirjallisuudessa voi itse asiassa esiintyä aivan samoja aineksia kuin fantasiassa, mutta selitys on toinen: outoja ilmiöitä tai vieraita olentoja ei selitetä fantasiamaailman omalaatuisilla luonnonlaeilla vaan ne kuvataan tieteen ja teknologian saavutuksina tai löytöinä.[62] Tieteiskirjallisuutta nimitetään yleisesti myös suomenkielisissä teksteissä nimellä science fiction tai lyhyemmin scifi.[63] Kaikkein ensimmäisenä tieteiskirjana pidetään usein vuonna 1818 ilmestynyttä Mary Shelleyn *Frankensteinia*, jossa uusi ihminen luodaan nimenomaan tieteen avulla.

Varhainen tieteiskirjallisuus jakautui kahteen selkeästi erilaiseen haaraan. Alkuvaiheissa arvostettiin erityisesti ns. *kovaa scifiä*, jossa käytettiin paljon sivuja kuvaamaan luonnontieteellisten keksintöjen teknisiä yksityiskohtia ja varsinaisessa kertomuksessa sitten ikään kuin testattiin keksinnön toimivuutta. Tieteelliset tai pseudotieteelliset yksityiskohdat loivat illuusion realismista ja rationaalisuudesta.[64] Toisinaan vähättelevästi *avaruusoopperaksi* nimitetty scifi on usein melko kaavamainen seikkailukertomus, jossa toistuvat yhä uudelleen samat tai samantapaiset henkilöhahmot ja toimintakuviot, esimerkkinä vaikkapa *Star Trek* -televisiosarja. Pääpaino on ihmissuhteissa, joille tieteelliset keksinnöt, avaruusmatkat tai muut tieteisfiktion elementit antavat väriä ja lisäulottuvuuksia.[65] Muita tieteiskirjallisuuden alalajeja ovat esimerkiksi

31

cyberpunk, joka usein sijoittuu lähitulevaisuuden dystopiseen maailmaan sekä *feministinen scifi*, jossa keskiössä on tavallisesti yhteiskunnallisten mallien kuvaaminen.

Muita fantasiakirjallisuuden lajeja

Maagisen realismin fantasia voi olla "myyttien, unien, satujen ja kansantarinoiden aineksia" tai henkilöhahmoille annettuja poikkeuksellisia kykyjä, kuten levitaatio tai lentäminen, jotka yhdistyvät muuten realistiseen kerrontaan.[66] Maaginen realismi kirjallisuudessa liitetään erityisesti eteläamerikkalaisiin kirjailijoihin, kuten Gabriel García Márquez tai Isabel Allende. Suomalaisista kirjailijoista maagista realismia ovat kirjoittaneet esimerkiksi Leena Krohn ja Seita Parkkola.

Absurdismissa ja *surrealismissa* kuvataan jollakin tavalla "nyrjähtäneitä" maailmoja tai tapahtumia. Surrealistinen kirjoittaja ei pyri jäljentämään todellisuutta vaan herättämään lukijan tunteita. Asioita siirretään totutuista vääriin paikkoihin, käytetään tiedostamatonta mielikuvitusta, systemaattista hämmentämistä, sattumaa ja eksymistä ja maustetaan seos intertekstuaalisilla viittauksilla.[67]

Suomessa on tarjottu fantasiaa ja realistisuutta yhdistävän kirjallisuuden yleisnimitykseksi *reaalifantasiaa*, jossa reaaliseen kuvaukseen voidaan liittää vaihtelevassa määrin fantasia-aineksia. Viime aikoina on puhuttu myös ns. *uuskummasta* (*New Weird*), jossa tieteis-, fantasia- ja kauhukirjallisuuden piirteet sulautuvat yhteen, muodostaen groteskeja tai outoja fantasioita. *Vaihtoehtohistorioissa* pohdiskellaan, millainen maailma olisi, jos jotakin nykytietämykselle tai yhteiskunnalle olennaista olisi tapahtunut toisin tai jotain olisi jäänyt tapahtumatta. *Paleofiktiossa* taas kuvataan kaukaista menneisyyttä, ihmiskunnan alkuhämärän aikoja.

Fantasiakirjallisuuden vaiheita Suomessa

Ei-uskonnollista kaunokirjallisuutta julkaistiin Suomessa jo 1700-luvulla jonkun verran, pääosin ruotsiksi, mutta hiukan myös suomeksi. Ensimmäiset kotimaiset suomenkieliset romaanit ilmestyivät kuitenkin vasta vuonna 1870. Tavallisesti ensimmäiseksi nimetään Aleksin Kiven *Seitsemän veljestä*. Hiukan myöhemmin samana vuonna ilmestynyt Kaarle Jaakko Gummeruksen *Ylhäiset ja Alhaiset* oli tosin ilmestynyt jo vuonna 1864 jatkokertomuksena *Suometar*-lehdessä nimellä *Johannes, töllin lapsi*, joten aivan yhtä hyvin sitä voisi pitää ensimmäisenä suomenkielisenä romaanina.

On myös melko lailla makuasia, mitä kirjaa pidetään ensimmäisenä suomalaisena fantasiakirjana. Joskus tämän kunnian saa Axel Gabriel Ingeliuksen vuonna 1840 ilmestynyt kauhuromanttinen *Det gråa slottet* (*Harmaa linna tahi kertomus Ristilän howista*). Teos suomennettiin lyhennettynä vuonna 1888 ja kokonaan vuonna 1900. Sitä tunnetumpi on Zacharias Topeliuksen vuonna 1859 ilmestynyt *Gröna kammarn på Linnais gård* (suom.1928 nimellä *Linnaisten kartanon viheriä kamari*). Seuraava vuonna (1860) ilmestyi muuten *Helsingfors Tidningar* -lehdessä Topeliuksen vuoteen 1900 sijoittuva jatkokertomus, joka toisinaan

33

mainitaan Suomen ensimmäiseksi tieteiskertomukseksi.[68] Jos kriteerinä pidetään myös suomen kieltä, kysymykseen voisi tulla Tyko Hagmanin teos *Uusia satuja ja runoja lapsille, pienille ja suurille* (1887), jossa julkaistu kuumatkakertomus "Matka kuuhun" mainitaan usein yhdeksi varhaisimmista kotimaisista tieteiskertomuksista. Kun nämä on kuitenkin selkeästi nimettykin saduiksi, ensimmäiseksi suomen kielellä julkaistuksi fantasiakirjaksi voisi nousta myös Arvid Lydeckenin kokoelma *Tähtimaailmassa* (1912), keskeisenä erityisesti siihen kuuluva tulevaisuuskertomus "Tähtien tarhoissa".

1900-luvun alkupuolen tyttökirjoissa pysyttäydyttiin enimmäkseen realistisissa koulu- tai perhekuvauksissa, mutta monissa varhaisissa pojille tarkoitetuissa seikkailukirjoissa oli mukana ripaus fantasia-aineksia. Tällaisia olivat esimerkiksi A. E. Ingmanin *Rimpisuon usvapatsas* (1915), *Latvasaaren kuninkaan hovilinna* (1916) ja *Kahden taalarin raha* (1917). Näiden lisäksi 1900-luvun ensimmäisinä vuosikymmeninä julkaistiin paljon fantasiaan vivahtavia romanttisia satuja. Näistä Aili Somersalon *Päivikin satu* (1918) ja varsinkin *Mestaritontun seikkailut* (1919) lasketaan nykyään usein mukaan varhaisimpaan kotimaiseen fantasiakirjallisuuteen. Muita fantasiasatujen kirjoittajia olivat mm. Anni Swan (1875–1958), Lilli Porthan (1874–1967), Laura Soinne (1897–1992), Raul Roine (1907–1960) ja Nelma Sibelius (1878–1970).

Varhaisen suomenkielisen fantasian edustajia olivat myös Mika Waltari ja Aino Kallas. Waltari julkaisi salanimellä Kristian Korppi[69] kauhu-novellikokoelman nimeltä *Kuolleen silmät: kertomuksia tuntemattoman ovilta* (1926)[70]. Aino Kallaksen tunnetuin teos on *Sudenmorsian* –

34

Hiidenmaalainen tarina (1928), joka käsittelee ihmissudeksi muuttumista. Teoksesta on otettu monia uusintapainoksia, viimeksi vuonna 2008. Waltari julkaisi myös satuja, esimerkiksi kokoelma *Kiinalainen kissa* (1932) on julkaistu uusintapainoksena vuonna 2008.

Vielä 1940- ja 1950-luvulla fantasia merkitsi enimmäkseen tieteisseikkailuja. Vuonna 1947 ilmestyivät mm. nimimerkki Outsiderin (oik. Aarne Haapakoski) teokset *Atorox, ihmisten valtias, Atorox kuussa, Atorox Marsissa* ja *Atorox Venuksessa.* Seuraavana vuonna ilmestyi vielä kaksi Atorox-kirjaa (*Atorox Merkuriuksessa* ja *Atoroxin paluu v. 2948*). Kirjojen nimihenkilö, robotti Atorox, elää edelleen Turun Science Fiction Seura ry:n Atorox-palkinnossa. Vasta 1980-luvulla fantasiakirjallisuuden painopiste siirtyi kauhuromantiikasta ja tieteiskirjallisuudesta nykyisenlaiseen fantasiakirjallisuuteen.

Käännöskirjallisuus on vaikuttanut suomalaiseen kaunokirjallisuuteen alusta lähtien, toisinaan jopa silmiinpistävällä tavalla. Esimerkiksi 1940-luvulla ilmestyi neljä vahvasti Tarzan-kirjoista vaikutteita saanutta L. Valakiven *Tarsa*-kirjaa, joiden päähenkilö oli karhujen kasvattama poika.[71] Ensimmäiset fantasiasuomennokset julkaistiin jo 1800-luvun jälkipuoliskolla, esimerkiksi *Parooni Mynkhausin kummalliset matkat ja retket maalla ja merellä* (alkuper. 1785) ilmestyi vuonna 1856 ja Jonathan Swiftin *Gulliverin retkien* (1726) suomennos vuonna 1876.

Tekijänoikeuksiin on alettu kiinnittää huomiota vasta viime aikoina, joten 1800-luvun käännökset ovat voineet poiketa paljon alkuperäisistä teoksista. Kääntämisen yhteydessä teoksia saatettiin tuntuvasti lyhentää

35

esimerkiksi historiallisia miljöökuvauksia poistamalla. Koska erityisesti lapsille ja nuorille suunnatun kirjallisuuden keskeisenä tehtävänä nähtiin opettaminen ja kasvattaminen, käännettävää kirjaa saatettiin muokata kasvatuksellisesti suositeltavampaan suuntaan. Esimerkiksi Daniel Defoen *Robinson Crusoe* (1719) julkaistiin suomeksi ensimmäisen kerran vuonna 1847 nimellä *Robinpoika Kruusen ihmeelliset elämänvaiheet*, mutta siitä muokattiin vuonna 1889 lapsille sopiva versio *Robinson nuorempi*, jossa korostettiin kristillisiä arvoja.[72] Myös useimmat lastenfantasian klassikot käännettiin jo varhain, esimerkiksi vuonna 1906 ilmestyi Anni Swanin suomentamana Lewis Carrollin *Liisan seikkailut ihmemaassa* (alkup. 1862). Kaikki brittiläisen lastenfantasian "kultakauden" (1860-luvulta 1920-luvun lopulle) keskeiset teokset oli käännetty suomeksi ennen toista maailmansotaa.[73]

Fantasian aktiivista harrastajakuntaa nimitetään *fandomiksi*. Suomalainen fantasiafandom on muodostunut 1970-luvulla, merkkipaalunaan Turun Science Fiction Seuran perustaminen 1976. Tällöin kiinnostuksen kohteena oli nimenomaan tieteiskirjallisuus. J. R. R. Tolkienin *Sormusten herra* -kirjat suomennettiin 1970-luvun alkupuoliskolla, mutta jo sitä ennen jotkut kiinnostuneet olivat lukeneet Tolkienia alkukielellä tai ruotsiksi. Suomessa kiinnostus Tolkieniin oli kuitenkin pitkään vain harvojen harrastus.[74] Varsinainen fantasiaboomi syntyi Suomessa vasta 1990-luvulla.

I Monenlaisia haltioita

Haltiat kuuluvat sekä uskomustarinoiden että fantasian keskeisimpiin olentoihin. Monien kansojen kansantarinoissa kerrotaan yliluonnollisista olennoista, luonnonhengistä, haltioista, keijuista tai maahisista, jotka elävät ihmisten lähettyvillä mutta kuitenkin piilossa.[75] Nykyään nämä olennot elävät monen fantasiakirjan sivuilla. Suomalaisten uskomustarinoiden haltiat eroavat kuitenkin selvästi fantasiakirjojen haltioista, sillä suomalaisten uskomustarinoiden haltiat ovat tavallisesti yksittäisiä olentoja, joiden tehtävänä on pitää huolta tietyistä rakennuksista tai luonnonpaikoista.

Haltia-sanan kirjoitusasu on tutkimuksissa ollut pitkään vakiintumaton ja vaihdellut sekä j-kirjaimen sisältävänä että ilman. Myös arkistojen uskomustarinoissa esiintyy molempia kirjoitusasuja. Arkiston luetteloissa käytetään kuitenkin Martti Haavion vakiinnuttamaan tapaan muotoa haltia.[76] Fantasiakirjallisuudessa tällaista huojuntaa ei ole; kyseisistä olennoista käytetään lähes aina nimitystä haltia. Käytän tässä haltia-nimitystä fantasia- ja uskomusolennoista siitä huolimatta, että esimerkiksi Kielitoimisto suosittaa nykyään käyttämään muotoa haltija kaikissa tapauksissa. Kielellisen eron tekeminen uskomus- ja fantasiaolento-haltioiden ja toisaalta hallintaan tai omistamiseen viittaavien haltijoiden välillä on kuitenkin ehdottomasti oikeutettua ja tarpeellista.

Haltia-nimitys lienee alun perin viitannut hallitsemiseen tai hoitamiseen. Sanan alkuperä on arveltu germaaniseksi, jolloin sen taustalla olisi mm. gootin sana *haldan*, 'vartioida', ja sanan alkumerkitys olisi näin 'vartija'[77] tai *haldias*, merkityksenään 'emo' tai 'isä'[78]. On myös esitetty mahdollisuus, että sanalla olisi yhteyttä lumoutumiseen, haltioitumiseen.[79] Erityisesti rakennusten haltioiden, mutta toisinaan myös muiden haltioiden nimityksenä on esiintynyt myös *tonttu* (*tontti, tontta*). Sana on peräisin ruotsin sanasta *tomte*, joka on alun perin viitannut maa-alueeseen. Tonttu esiintyy kodinhaltiana jo Agricolan jumalien luettelossa vuonna 1551. Myös Virossa on tunnettu *tont*, joka on tarkoittanut varallisuudenkartuttajaa (*para*), *kotonakulkijaa* tai yleisesti pahaa henkeä.[80] Toisinaan Suomessakin tonttu on voinut merkitä myös *jättiläistä* tai *pirua*.

Uskomustarinoiden haltioita ja tonttuja

Suomalaisessa uskomusperinteessä lähes kaikilla paikoilla on ollut oma haltiansa. Toisinaan on jopa kerrottu, että joka ihmisellä on oma haltiansa. joka kulki hänen edellään tai rinnallaan. Tällaisen *ihmisenhaltian* sanottiin kuuluvan jokaiselle ihmiselle:

> Jokaisella ihmisellä on haltia. Se voi olla millainen vain, naisellakin voi olla mieshaltia. Haltia pitää omistajansa puolta.[81]

> Haltiat on kaikilla ihmisillä, toiset näkevät haltiansa, toiset ei.[82]

Haltia voi liikkua omistajansa edellä edelläkävijänä, etiäisenä, jolloin tulija nähdään tai kuullaan vähän ennen kuin hän itse saapuu paikalle. Kaksoisolentona ihmisen haltia voidaan nähdä jossain aivan muualla kuin missä ihminen todellisuudessa on; tällainen "elävän haamu" voi olla myös kuoleman enne. Ihmisen haltia voi myös muistuttaa suojelusenkeliä, joka neuvoo ja varoittaa. Tällaisen haltian on kerrottu esimerkiksi herättäneen puun alla nukkujan ennen salamaniskua.

Haltiat ovat olleet siinä mielessä poikkeuksellisia uskomusolentojen joukossa, että ne ovat liittyneet sekä luonnonpaikkoihin, kuten monet muutkin uskomusolennot, että myös ihmisen rakentamaan ympäristöön. Rakennetussa ympäristössä esiintyneistä haltioista oli Länsi-Suomessa kaikkein tärkein talon- tai kodinhaltia, Itä-Suomessa yleisimpiä olivat kirkkojen ja myllyjen haltiat. Pohjois-Suomessa haltiat eivät niinkään liittyneet rakennuksiin, vaan enemmän tarinoita kerrottiin erilaisista luonnonhaltioista.[83]

Varsinkin rakennusten haltiat ovat olleet yksittäisiä olentoja, solitaareja, joilla ei ole ollut omaa yhteiskuntaa tai perhe-elämää. Joskus harvoin haltiat ovat esiintyneet myös kaksittain, ja toisinaan on kerrottu kohtaamisista haltioiden välillä. Tällaiset kohtaamiset ovat joskus olleet ystävällisiäkin, mutta toisinaan on ollut kysymys vihamielisestä välienselvittelystä.

Vedenhaltija tuli toisesta järvestä ja ajoi toisen haltijan pois. Se tuli se haltija sitten erääseen taloon ja pyysi työtä. Annettiin viikate sille, oli näet heinäaika. Se niitti koko heinäajan heinää sitten. Kun heinätyöstä päästiin, isäntä kysyi: "Mitä nyt haluat palkaksesi?" Se sanoi, ettei hän tiedä muuta, kunhan saa viikatteen, jolla on niittänyt. Isäntä antoi viikatteen ja sanoi, että kyllä tämä on vähän, ei hän näin vähällä tahdo. Se sanoi, ettei hän tahdo enempää, tässä on kylliksi palkkaa hänelle. Se kertoi isännälle, että tuli toisesta järvestä haltija, joka ajoi hänet pois, mutta kun näette järvestä jotain erikoista liikettä, niin hän on voittanut sen. Sitten muuttui vesi ikäänkuin vereksi siinä järvessä, kun se oli mennyt sinne järveen. Sitten se toi viikatteen

39

takaisin isännälle ja sanoi: "Kyllä tämä oli hyvä kampsu, annan tämän pois teille, en tarvitse tätä enää."[84]

Erilaiset haltiaolennot ovat uskomustarinoiden mukaan voineet olla miehiä tai naisia, nuoria tai vanhoja, lapsiakin. Haltioiden on kerrottu voivan näyttäytyä myös eläimen hahmossa, tavallisesti sellaisen, jonka kyseisessä ympäristössä muutenkin voisi tavata. Jollakin tavoin erikoinen käyttäytyminen saa näkijän epäilemään, ettei kysymyksessä ollut tavallinen eläin, vaan haltia.

Rakennusten haltiat

Rakennusten haltioita olivat talonhaltiat eli kodinhaltiat sekä muiden talouteen kuuluvien rakennusten haltiat. Varsinkin navetassa ja tallissa sekä riihessä ja myllyssä ajateltiin olevan haltiansa, mutta muissakin rakennuksissa, esimerkiksi saunassa, saattoi asua oma haltia. Haltioita saattoi olla myös muissa ihmisten tekemissä rakennelmissa, esimerkiksi joissakin laivoissa kerrottiin olevan oma haltiansa. Kirkossa kerrottiin toisinaan asuvan kirkonhaltian, mutta kirkkoa saattoivat asuttaa myös vainajat.

Kodinhaltia

Talonhaltiaksi (kodinhaltiaksi, huoneenhaltiaksi tai kotitontuksi) on arveltu tulevan talon rakentajan, ensimmäisen asukkaan (tai yöpyjän) taikka sen, joka tekee rakennuksessa ensimmäisen tulen tai joka

40

ensimmäisenä talossa kuolee. Tällaiset haltiakäsitykset tulevat joskus hyvin lähelle kummituskuvastoa.

Ennen syntymäkotonani Haasiosalmessa hyvin ruma muurari muurasi kerran tupaan takkaa, ja heti kun se tuli valmiiksi, niin aikoi tehdä siihen valkean. Äitini, joka oli tomera ihminen, huomasi muurarin aikomukset ja sähähti: "Minä en huoli noin rumaa tupaani huoneenhaltiaksi!" ja teki itse valkean uuteen takkaan ensimmäiseksi, ja näin äiti kuolemansa jälkeen jäi Haasiosalmeen huoneenhaltiaksi.[85]

Ulkonäöltään rakennusten haltioiden kerrotaan hyvin usein olleen pienikokoisia, harmaita ja vanhoja ukkoja ja akkoja. Haltialla nähdyt vaatteet vaihtelevat paljon. Harmaa-asuisten haltioiden lisäksi on nähty paljon valkopukuisia kodinhaltioita. Toisinaan haltian vaatetukseen on kuulunut punainen liivi tai paita. Naispuolisella haltialla on voinut olla harmaa, sininen, kirjava tai raidallinen hame. Joskus haltialla on nähty turkki, lampaannahkaröijy tai körttijakku. Melko usein kodinhaltialla on nähty punainen tiittalakki, joka mielletään nykyisin joulutontun asuun kuuluvaksi. Haltialla on kuitenkin voinut olla myös esimerkiksi korkea musta hattu. Joskus haltian leveälierinen hattu peittää sen koko pään. Haltian jalassa on voinut olla vaikka tallukkaat tai tossut. Kodinhaltian vaatetus voi olla hyvin monenlainen, se voi olla pukeutunut vaikka sotilaspukuun. Sotilaan näköisten haltioiden lisäksi on kerrottu papin ja pelimannin oloisista kodinhaltioista. Usein kodinhaltialla on kuitenkin yllään tavalliset, ehkä hiukan vanhanaikaiset vaatteet. Kaikki kodinhaltiat eivät myöskään ole pieniä, toisinaan haltia on tavallisen ihmisen mittainen ja joskus jopa poikkeuksellisen pitkä. Vanhojen ukkojen ja akkojen lisäksi myös nuoren näköisiä kodinhaltioita on tavattu. Erityisesti Länsi-Suomessa tonttu on saattanut olla myös yksisilmäinen.[86]

41

Kodinhaltiat ovat olleet tarpeellisia ja hyödyllisiä, sillä ne ovat ihmisten apuna pitäneet huolta talosta ja karjasta. Navetassa ja tallissa haltian hoitamien eläinten karva kiilsi ja ne voivat hyvin, mutta kerrotaan myös, että haltia saattoi suosia tietynvärisiä eläimiä ja jättää muut kokonaan hoitamatta ja jopa kiusata niitä. Haltiat työskentelivät tavallisesti ihmisten näkemättä, usein öisin, mutta ne saattoivat näyttäytyäkin erikoistapauksissa. Tarinoissa kerrotaan esimerkiksi, miten haltia on herättänyt isäntäväkensä kertoen uhkaavasta tulipalosta tai karjan hädästä navetassa tai laitumella.

Haltian toimiin ei yleensä kannattanut puuttua eikä yrittää päästä haltiaa näkemään, sillä sellainen ei haltiaa miellyttänyt. Halikossa kerrottiin, että eräässä talossa oli naispuolinen haltia, joka aina pesi öisin astiat, kun ne jätettiin illalla esille. Erään kerran joku talonväestä oli sattunut näkemään haltian, jolla oli ollut hyvin huonot vaatteet. Talon väki laittoi illalla tuolin selkämykselle hyvän alushameen haltiaa varten, mutta siitä haltia suuttui niin, ettei enää koskaan pessyt asioita eikä myöskään näyttäytynyt.[87] Vastaavia kertomuksia on Suomesta merkitty muistiin enemmänkin. Toisinaan haltia suuttuu ja lähtee pois vaatteita saatuaan, toisissa tarinoissa se jää taloon, mutta lakkaa tekemästä työtä, kun on uusissa vaatteissaan liian hieno työntekoon.

Vastineeksi työstään haltia on odottanut hyvää kohtelua. Monien tarinoiden mukaan haltialle on viety säännöllisesti tiettyyn paikkaan maitoa tai ruokaa, tavallisimmin puuroa. Tämä on voinut tapahtua joka päivä tai vaikka kerran viikossa. Juhlapäivinä, kuten jouluna, haltiaa muistettiin erityisesti. Haltia loukkaantui, jos sen ruoka unohdettiin tai jos sama ruoka seisoi vaihtamatta astiassa pitkään. Kerrotaan tarinoita, miten talon renki on saattanut leikillään tai ilkeyttään syödä haltialle tarkoitetun puuron ja laittaa tilalle jotain syömäkelvotonta, kuten ulostetta, mistä haltia on tietenkin suuttunut kovasti. Tällaisen rengin pilan seurauksena haltian on joskus nähty poistuvan talosta, ja tämän jälkeen talossa on kaikki alkanut mennä huonosti.

Haltia ei tavallisesti jää odottamaan selityksiä tai hyvittelyä, vaan huonosti kohdeltuna se ilman mutta jättää talon. Jos haltiaa on oikein loukattu, se on saattanut aiheuttaa talolle myös vahinkoa, esimerkiksi tulipalon, mutta useimmiten se on yksinkertaisesti lähtenyt talosta. Kerrotaan, että haltia saattoi muuttaa muualle myös harmistuttuaan talossa vietetystä huonosta elämästä, kuten juopottelusta ja kortinpeluusta tai pyhätyöstä. Tällöin se tavallisesti ensin jonkin aikaa osoitti mieltään esimerkiksi kolistelemalla, tömistelemällä tai jopa heittelemällä tavaroita. Jos samanlainen meno tästä huolimatta talossa jatkui, haltia saattoi lopulta lähteä pois. Toisinaan haltioihin liitettiin myös selittämätön kiusanteko ja metelöinti, jolloin haltia saattoi muistuttaa poltergaistia, räyhähenkeä.

Muut rakennustenhaltiat

Yksi talonhaltia tai kotitonttu on voinut pitää huolta talouden kaikista rakennuksista, mutta usein varsinkin asuinrakennuksista erillään olevissa rakennuksissa oli omat haltiansa. Kotipiiriin kuuluvista haltioista keskeisimpiä olivat riihen ja myllyn haltiat, mutta myös saunalla ja

43

karjasuojalla on saattanut olla oma erillinen haltiansa. Karjasuojan haltialla onkin ollut monia nimityksiä, sitä on sanottu navetan- tai tallinhaltian lisäksi myös mm. maanhaltiaksi tai tanhuonhaltiaksi.[88]

Ennen vanhaan riihessä kuivatettiin viljaa, ja silloin siellä pidettiin valkeaa yötä päivää. Riihenhaltian eli riihitontun kerrottiin osallistuvan tähän. Tonttu lisäsi yöllä puita uuniin, jos se alkoi sammua, toisaalta se saattoi ottaa liikoja puita myös ulos, jos uuni on vaarassa kuumentua liiaksi. Jos riihi kuitenkin oli syttymässä palamaan, haltia herätti kiireesti riihenlämmittäjän tai talon isännän.

> Isä oli käynyt kerran maata. Haltia tuli: "Nouse ylös, lähde riiheen!"
> Ei mennyt ensimmäisellä käskyllä - toisella meni. Uunin edessä oli
> iso valkea jo.[89]

Haltia herätti joskus myös riihessä torkkuvan lämmittäjän pakenemaan ulos, jos tämä oli vaarassa jäädä tulipaloon tai kuolla häkään.

Toisinaan riihenhaltian kerrottiin pitävän riihtä niin vahvasti omanaan, että se suhtautui hyvin vihamielisesti vieraisiin, jotka yrittivät päästä yöksi nukkumaan riiheen. Haltia kolisteli ja rymisteli, saattoi jopa viskellä tavaroita, kunnes sai nukkujan lähtemään. Aina tällainen haltia ei suvainnut talon omankaan talon väen yöpyvän riihessä.

Myllyt sijaitsivat usein melko kaukana asumuksista. Jauhaminen oli hidasta, joten siellä saatettiin työskennellä vuorokauden ympäri. Kerrotaan, että kun jauhettava loppui kivistä, myllynhaltia tai myllytonttu herätti jauhajan eli toimi samalla tavoin yksintyöskentelijän apuna kuin riihitonttu. Sekä riihenhaltia että myllynhaltia ovat voineet joskus näyttäytyä myös kauniina naisena, joka tulee lämmittelemään ja toisinaan yrittää vietellä riihen tai myllyn valvojan.

Myllyssä esiintyvä haltia voi joskus olla myös pelottava. Kerrotaan, että joskus tonttu on tullut myllyn ovelle ja avannut suunsa niin suureksi, että alaleuka oli kynnyksellä ja yläleuka oven päällä ja kysynyt mylläriltä: "Oletko nähnyt suuta suurempaa?" Tarinan mukaan mylläri oli juuri valmistamassa itselleen myllyssä puuroa tai rokkaa, ja hän heitti tontun suuhun puuropatansa kysyen: "Oletko syönyt puuroa kuumempaa?" Tällöin tonttu juoksi parkuen tiehensä, eikä enää häirinnyt myllyn käyttäjiä.

Myös pitkäperjantaiyönä myllyssä trullien villoja punnitseva olento voi avata suunsa samalla tavoin, alaleuka kynnyksellä ja ylähuuli oven päällä.[90]

Myllynhaltia saattoi myös pysäyttää myllyn ilman erityisempää selitystä. Kun jauhaja menee katsomaan, miksi mylly on pysähtynyt, hän näkee ison miehen tai pienen miehen, joskus naisenkin, joka pitelee myllyn ratasta estäen sitä liikkumasta. Joskus tällainen pysäyttäjä häviää heti, kun se nähdään, mutta usein tarinoissa jauhaja joutuu ajamaan haltian pois työtä estämästä. Tavallisesti tämä tehdään hätistelemällä haltiaa tulella, päresoihdulla.

Kodin piirissä esiintyneet haltiat ovat voineet olla yhtä hyvin mies- kuin naispuolisia. Usein kumpaakin on pidetty yhtä hyvänä, mutta monin paikoin on myös ajateltu, että mieshaltia saa talon menestymään paremmin kuin naishaltia. Toisinaan on arveltu, että mieshaltia keskittyy erityisesti hoitamaan hevosia, kun taas naishaltia pitää huolta talon lehmistä.

Kodinhaltia on joskus voinut olla myös eläimen muotoinen, esimerkiksi kissan, koiran tai käärmeen.[91] Toisaalta eteläisessä Suomessa on tunnettu myös tapa pitää elättikäärmeitä (lyylityskäärme, navettakäärme), jotka olivat tavallisesti tarhakäärmeitä. Tällainen käärme ei ole varsinaisesti ollut mikään talonhaltia, vaikka erityisesti Länsi-Suomessa elättikäärmeen onkin saatettu ajatella pitävän yllä talon menestystä niin kuin haltiankin. Itä-Suomessa ja Karjalassa tällainen elättikäärme sen sijaan on kuulunut tavallisemmin tietäjän tai parantajan tupaan.[92]

Luonnonhaltiat

Luonnonhaltioista tärkeimmät olivat metsänhaltiat ja vedenhaltiat. Kuten rakennuksilla oli haltiansa, kansanperinteen mukaan myös erilaissa metsissä oli omia haltioita, samoin erilaisilla vesistöillä oli kullakin oma haltiansa. Joskus mainitaan myös vuoren- tai mäenhaltia, joka saattaa olla nimeltä tunnettu, kuten Linnavuoren Liisa, Kallavuoren Kaisa tai Havukkavuoren ukko. Myös monilla eläimillä on kerrottu olevan oma haltia, joka on huolehtinut lajin olemassaolosta.

Metsänhaltia

Uskomustarinoissa metsänhaltiaa on kutsuttu hyvin monilla nimillä. Tarinoissa esiintyy mm. mehtäläine, mettänvaari, metsätonttu, komo, korpipiru, hiisi, hiienkakkijaine, mönnikäine ja monia muita. Oikein erikoisista nimityksistä suuri osa esiintyy vain yhden kerran. Nuoren naisen näköisiä metsänhaltijoita on nimitetty myös metsänneidoiksi, haapaneitsyiksi, mettäpiioiksi tai sinipiioiksi, näistä sinipiika-nimitys on myöhemmin siirtynyt satukirjojen keijukaisiin. Muutamissa uskomustarinoissa mainitaan metsänhaltioita myös nimeltä, esimerkiksi Tapio, Mielikki ja Tellervo. Nämä kaikki esiintyvät myös runomuotoisessa kansanperinteessä. Loitsuissa Tapiolta toivotaan metsästysonnea, Tellervoa pyydetään toisaalta pitämään huolta metsästä laiduntavasta karjasta, toisaalta sitomaan metsästettävän karhun kita, ettei se hyökkäisi metsästäjien kimppuun. Myös Mielikki esiintyy sekä karjan suojelijana että metsästäjän apuna. Kansanrunoissa Mielikkiä nimitetään tavallisesti metsän emännäksi, mutta joskus hän on myös metsän tytti; Tellervo on usein Tapion neito tai Tapion paimen.

Ulkonäöltään metsänhaltiat voivat olla hyvin monenlaisia. Niitä on uskomustarinoissa kuvailtu sekä kookkaiksi, jopa puidenlatvojen pituisiksi, että aivan pienikokoisiksi. Jotkut metsänhaltioista ovat hyvin kauniita, nuoria naisia tai miehiä, jotkut rumia vanhoja ukkoja ja eukkoja, karvaisia, punasilmäisiä tai yksisilmäisiä. Myös haltioiden vaatetus on vaihdellut naavaisista rääsyistä hienoihin asuihin hattuineen kaikkineen. Väriltään haltian vaatteet ovat usein olleet valkoiset tai harmaat, mutta haltioita on esiintynyt myös punapukuisina tai pitkissä sinisissä paidoissa. Joskus metsänhaltia on nähty alastikin.

Naispuolisen metsänhaltian kerrotaan usein näyttävän nuorelta, kauniilta naiselta, mutta vain etupuolelta. Takaa katsottuna se ei ole

47

ollenkaan ihmisen näköinen, vaan näyttää risukasalta, haaraiselta puulta, puupölkyltä, ontolta kaukalolta tai koivupuulta. Toisinaan myös miespuolisen metsänhaltian on kerrottu olevan edestä ihmisen näköinen, mutta takaa aivan karvainen tai muistuttavan tervaskantoa tai kuusen kylkeä. Metsänhaltia voi myös olla takaapäin katsottuna kokonaan näkymätön. Tällaista ulkonäköä voi tulkita kahdella tavalla. Toisaalta voidaan ajatella, että haltia muuntautuu edestä ihmistä miellyttäväksi, mutta näyttää takaa todellisen luontonsa. Toinen tulkintamahdollisuus on, että takaa metsään sulautuvaa haltiaa ei voi nähdä vahingossa, vaan haltia itse päättää, milloin se näyttäytyy ihmiselle.

Nuotiotulilla metsässä yksikseen yöpyneet miehet ovat kertoneet nuotiolleen tulleesta kauniista naisesta, joka on yrittänyt varoa näyttämästä miehelle selkäpuoltaan, mutta paljastunut metsän asukkaaksi, kun mies on ajanut hänet pois nuotioltaan. Hyvin kohdeltu metsänneito on myös saattanut antaa miehelle maagista metsästysonnea tai taikaesineen kiitokseksi ystävällisestä puhuttelusta, nuotiolla lämmittelystä tai rakastelusta. Tällainen taikaesine on saattanut olla esimerkiksi paita, joka ei kulu eikä likaannu. Maaginen paita on pysynyt uuden veroisena vuosia, mutta on hajonnut mustaksi ja risaiseksi, kun varoituksesta huolimatta paita yllä on menty kirkkoon tai kun sen alkuperä on kerrottu jollekulle.

Metsänhaltia voi olla ihmiselle vaarallinen tai ystävällinen. Se voi viedä karjasta lehmän tai lampaan, tai viedä maidon lypsämällä ihmisten lehmän. Halutessaan haltia saa ihmisen eksymään aivan tutussakin ympäristössä. Haltia on voinut olla epämääräisesti vain pelottava, se on voinut tehdä metsässä liikkujille kiusaa tai nauraa hohottaa. Metsänhaltian

48

näkemisen on myös ajateltu ennustavan pahaa. Muutamassa tapauksessa haltia onkin karkotettu pois rukouksen tai ristinmerkin avulla – tai tarjoamalla sille sipulia, jolloin haltia lyö käsiään yhteen, nauraa ja lähtee.[93]

Uskomustarina-arkistossa on satoja merkintöjä siitä, miten metsänhaltia saattaa ihmisen tai eläimen metsänpeittoon. Tällöin haltia tai metsä pitelee metsänpeittoon joutunutta ja kätkee tämän etsijöiltä. Toisinaan metsänpeittoon joutunutta ihmistä ruokitaan esimerkiksi sammakoilla tai roskilla. Ihminen voi vapautua metsänpeitosta kääntämällä nurin jonkin vaatekappaleen tai kuullessaan kirkonkellojen äänen, jolloin hän huomaa usein olevansa aivan tutussa paikassa.

> Menin kerran lapsena metsään, joka oli aivan kotini lähellä ja jossa olin joka päivä läynyt. Aikomukseni oli mennä isän luokse kaskimaalle. Mutta äkkiä en tuntenutkaan ollenkaan paikka, jossa olin. Silloin menin ison kiven päälle ja luin isämeidän ja herransiunauksen, mutta en sanonut amenta loppuun. Kun olin lukenut ne, niin kuulin isän hakkaavan ja samalla huomasin, että oli aivan kotini aidan vieressä.[94]

Varsinkin metsänpeittoon joutunut lapsi voi myös löytyä yllättäen vahingoittumattomana jostain aivan kummallisesta paikasta, esimerkiksi navetasta lantakasan alta. Metsänpeittoon joutuneen eläimen löytämiseksi sen sijaan tarvitaan usein tietäjän apua.

Metsänhaltia voi kuitenkin olla myös ihmisille ystävällinen ja avulias. Haltian on kerrottu esimerkiksi ohjanneen eksyneet lapset kotiin tai näyttäneen marjastajalle hyvän marjapaikan. Metsänhaltia on myös varoittanut ihmisiä vaarasta, esimerkiksi leviävästä nuotiotulesta tai lähettyvillä olevasta karhusta tai käärmeestä. Melko yleinen on tarina siitä, miten metsässä lepääjää käsketään väistämään kaatuvaa puuta, "vanhaa miestä":

Liekiö saattoi varoittaa vaarasta. Kerranki se sanoi yhdelle miehelle metsässä: "Nouse pois siitä." Mies ei noussut. Silloin se sanoi: "Nouse pois, vanhaa miestä tuodaan maahan." Mies nousi ja silloin kaatui vanha honka maahan.[95]

Liekkiö esiintyy uskomustarinoissa hyvin monenlaisten yliluonnollisten olentojen nimityksenä, mutta tässä se on selvästi metsänhaltian roolissa.

Vedenhaltia

Metsänhaltian ohella toinen tärkeä uskomusperinteen luonnonhaltia on vedenhaltia, jota pidettiin usein kaikista haltioista voimakkaimpina.[96] Suomalaisessa uskomustarina-aineistossa vedenhaltioita on nimitetty monilla eri nimillä. Näistä näkki-nimitys on tunnettu lähes koko Suomessa, vetehinen on erityisesti itäinen nimitys, joka on tunnettu myös rajantakaisessa Karjalassa Kannasta lukuunottamatta. Vetehinen, vesihiisi ja näkki ovat suomalaisissa uskomustarinoissa voineet olla sekä mies- että naispuolisia, kun esimerkiksi Ruotsissa näkki on ihmishahmossa esiintyessään ollut yleensä miespuolinen.[97] Naispuolisia vedenhaltioita on voitu sanoa myös veden- tai merenneidoiksi. Aivan pohjoisessa on naispuolisista vedenhaltioista käytetty myös norjalaisperäisiä nimityksiä havruuvva, aavruuvva (lähtökohtana norjan havfru).[98] Vedenhaltian tavoin käyttäytyy pohjoisessa joskus myös meriraukka (norjan draug 'kummittelija'), jota usein pidetään hukkuneen henkenä.[99]

Vedenhaltiaa on myös voitu nimittää myös sen asuinpaikan mukaan järven- tai joenhaltiaksi, koskenhaltiaksi, lammenhaltiaksi tai kaivonhaltiaksi. Uskomustarinoissa ja kansanrunoudessa mainitaan myös vedenhaltiana Ahti sekä veden emännäksi tai veden neidiksi nimitetty Vellamo. Kummaltakin on myös loitsuin pyydetty kalaonnea. Loitsuissa on joskus myös pyydetty Ahdilta lupaa ottaa vettä taikojen tekoa varten, sillä haltian luvalla otettu vesi on paljon voimallisempi ainesosa kuin tavallinen vesi. Kertovassa kansanrunoudessa Ahti voi olla sama henkilö kuin *Kalevalan* Lemminkäinen.

Kuten metsänhaltia, myös vedenhaltia voi olla nuori tai vanha, pienikokoinen tai pitkä, kaunis tai ruma. Naispuolisen vedenhaltian ominaisuuksiin kuuluvat usein pitkät hiukset ja suuret rinnat; tyypillisesti se nähdäänkin pesemässä rintojaan. Myös miespuolinen vedenhaltia on usein pitkähiuksinen. Sekä nais- että miespuolinen vedenhaltia voidaan nähdä istumassa rantakivellä, jossa se kampaa hiuksiaan, peseytyy tai pesee vaatteita tai astioita. Vedenhaltialla voi olla vartalossaan suomuja, eviä tai jopa kalanpyrstö; iholtaan vedenhaltia on kalamaisen kylmä ja liukas. Se voi esiintyä alastomana tai pukeutuneena tavallisiin vaatteisiin, toisinaan vedenhaltian vaatteet mainitaan jopa erikoisen hienoiksi tai kauniiksi. Vedenhaltia voi esiintyä myös eläinhahmoisena, esimerkiksi koiran hahmossa.

Vetehinen pyrki joskus aktiivisesti hukuttamaan ihmisiä. Vedenhaltian kerrottiin tarttuneen vedestä veneen laitoihin, kaataneen veneen ja yrittäneen hukuttaa matkaajat. Kun vedenhaltian hukuttaman ihmisen ruumis löydettiin, siinä saatettiin nähdä vedenhaltian sormien tai hampaiden jäljet.

Varsinkin uimassa olevia lapsia vedenhaltia hukutti tarttumalla kiinni jalkaan ja vetämällä veden alle. Joskus onkin kerrottu annetun vedenhaltialle uimaan mennessä "uhriksi" esimerkiksi kourallinen hiekkaa tai kolikko, ettei näkki veisi mukanaan.

Erityisesti näkki-nimisenä haltia saattoi muuttaa itsensä vaikka koiran, kiven tai tukin näköiseksi. Kun lapset nousivat vedessä sen päälle, se vei nämä mukanaan syvyyksiin.

> Lapsia oli järven rannalla hiekkakasassa leikkimässä. Järvestä nousi suuri koira, tuli lasten luo, otti osaa leikkiin ja sanoi viimein liehitellen: "Tulkaas kaikki mun selkääni!" Lapset asettuivat koiran selkään istumaan. Koira lähti heti järveä kohti taakkoineen. Takimmaisena istuva lapsi oli kuitenkin siksi täpärällä koiran hännän juuressa, että hän alkoi pudota ja siksi huusi: "Nikki, Näkki, näpärällä, hännän päällä!" Silloin koira pudotti koko joukon selästään ja katosi itse järveen.[100]

Olennon nimen mainitsemisella on usein ajateltu olevan maaginen vaikutus. Tässäkin tarinassa lapset pelastuivat, kun pienin lapsista tuli kuin vahingossa maininneeksi Näkin nimen.

Aina vedenhaltia ei ollut pelkästään vaarallinen. Kun kalastajat auttoivat haltian irti verkosta, johon tämä oli sotkeutunut, haltia kiitti kauniisti ja lupasi miehille palkkioksi veden vanhimpia kaloja. Kalastajat kuitenkin pettyivät, kun huomasivat palkintona olevan heidän odottamiensa jättiläiskalojen sijaan pieniä, ruotoisia kiiskiä, "veden vanhimpia kaloja". Joskus rannassa näyttäytyvä vedenhaltia saattoi myös palkita sitä kohteliaasti tervehtivän kalastajan hyvällä kalansaaliilla. Haltia saattoi kertoa kalapaikan, josta aina sai kalaa, mutta sinne piti mennä salaa, kenenkään muun tietämättä. Jos paikan sijainnin paljasti muille, saalista ei enää tullut.

Vedenhaltia voi myös kieltää kalastajia kalastamasta liian paljon. Joskus haltia huutaa huonoa kalansaalista valittavalle, että "kyllä niitä sen mukaan annetaan kun riittää."[101] Haltia saattaa myös huutaa järven tai muun veden syvyyden mittaajalle jonkin tiedon veden syvyydestä, esimerkiksi että järvi on yhtä syvä kuin pitkä, tai kieltää laskemasta mittaa syvemmälle.

Usein kerrotaan kalojen olevan vedenhaltian karjaa, mutta joskus on myös nähty vedestä nousevan tai veteen menevän kauniita vedenhaltian lehmiä. Joskus ihminen saattoi sellaisen omakseenkin. Vedenhaltian lehmä oli hyvälypsyinen, mutta sillä oli usein taipumus pyrkiä veteen. Ellei uusi omistaja pitänyt varaansa, lehmä saattoi marssia suoraan järveen tai jokeen päästäkseen takaisin kotiinsa.

Vedenhaltioista varsinkin koskenhaltia mainitaan ihmeellisenä soittoniekkana. Haltia seisoi soittamassa kosken rantakivellä tai joskus keskellä kosken kuohuja. Sen soittimena oli tavallisesti viulu. Ihmeellinen soitto houkutteli ihmisiä lähemmäs kuuntelemaan, mutta silloin haltia äkkiä saattoi tempaista varomattoman kuulijan mukaansa veden alle. Kerrotaan, että jotkut erityisen taitavista soittajista olivat olleet vedenhaltian opissa tai saaneet vedenhaltian viulun. Vedenhaltian soitonoppilaaksi pääseminen teki pelimannista taiturin, mutta silloin piti pitää varansa, sillä haltia yritti viedä myös opetettavansa veteen. Vedenhaltian kanssa soittavaa neuvottiinkin sitomaan itsensä kiinni laituriin tai rannan puuhun ennen soittamaan ryhtymistä.

Vedenhaltian näkemisen on usein ajateltu ennustavan jotain ikävää tapahtuvaksi; sen näyttäytyminen on mainittu esimerkiksi hukkumisen, itsemurhan, kuoleman, haaksirikon, myrskyn tai tulipalon enteenä.

Muita haltioita

Kirkonhaltiaksi tuli tavallisesti ensimmäiseksi kirkkoon tai kirkkomaalle haudattu vainaja. Sitä kutsuttiin tai se ilmestyi paikalle joskus taikoja tehtäessä (kirkko ja kirkkomaa olivat taikojen kannalta erityisen voimallisia paikkoja), ja siltä kysyttiin toisinaan neuvoa esimerkiksi kadonneiden esineiden löytämiseksi. Kirkonhaltia sijoittuu uskomusolentona vaihtelevasti jonnekin rakennuksen haltian ja vainajaolennon välimaille, kun taas esimerkiksi rajanhaltia on selkeästi vainajaolento, kummitus, joka kuoltuaan huutelee sellaisessa paikassa, jossa on eläessään osallistunut vääryydellä tehtyyn rajan siirtämiseen.

Tulenhaltiasta tai personoidusta tulesta kerrotaan tarinoita, joissa kaksi eri talon tulenhaltiaa, kaksi tulta tai joskus tuli ja huoneenhaltia keskustelevat tulen kohtelusta; toista kohdellaan hyvin, toista huonosti. Kristillisiä vaikutteita on keskustelussa, jossa tuli tai tulenhaltia valittaa, ettei tulta siunata tai että sitä kirotaan, toisessa variantissa tuli sammutetaan likaisella vedellä tai siihen syljetään. Keskustelu päättyy siihen, että huonosti kohdeltu tuli päättää polttaa koko rakennuksen. Usein tarinaan

54

liittyy vielä sellainen juonne, että hyvin kohdeltu tuli tai haltia pyytää, ettei toinen polttaisi sitä seulaa tai muuta tarvekalua, joka on heidän talostaan lainassa. Talo palaa perustuksiaan myöten, vain naapurista lainattu seula jää palamatta.[102]

Viljatonttu eli jyvätonttu on hyvin erilainen kuin muut rakennuksiin liittyvät haltiat. Rakennusten haltiat pitävät huolta rakennuksista tai vaikka navetan eläimistä, mutta viljatontun tehtävänä oli kantaa viljaa kotitaloonsa naapureista. Vastaavalla tavalla toimi para, joka tavallisesti toi taloon kermaa tai voita. Para oli usein emännän taikuudella valmistama, se saattoi olla tehty rievuista, tuohesta tai muistuttaa uuniluutaa. "Taikimukset laativat kehän, keräsivät siihen kaikenlaista ja tekivät paran. Se käveli niin kuin ihminen."[103] Tai paralla oli "Pää lankakerästä, jalat värttinästä, maha lakanasta. Käveli ja juoksi 'kintut ristissä'."[104] Viljatontun taas useimmiten hankki isäntä; sitä ei valmisteta, vaan se kutsutaan taloon taikuudella, esimerkiksi kirkkoa kiertämällä. Tontun tullessa piti pyytää, mitä halusi tontun kuljettavan. Muutamassa tarinassa kerrotaan, miten isäntä hermostuksissaan tai muusta syystä tokaisee tontulle: "sontaa" tämän kysyessä, mitä isäntä haluaa sen tuovan taloon. Tällöin tonttu ryhtyy kuljettamaan sontaa kantaen sitä taloon kaikki paikat täyteen.[105]

Haltiat kansansaduissa

Arkistoon tallennetuissa kansansaduissa esiintyvät haltiat ovat pääosin luonnonhaltioita; uskomustarinoissa suosittuja rakennusten haltioita esiintyy kansansaduissa vain harvoin. Satujen haltiat ovat useimmiten päähenkilölle, sadun sankarille, suopeita. Haltiat neuvovat tietä ja antavat muita ohjeita tai tietoja, ne kuljettavat sankaria paikasta toiseen tai voivat myös lahjoittaa hänelle taikaesineitä tai rikkauksia. Kuitenkin haltiat voivat olla myös vaarallisia, ne voivat jopa surmata väärän sankarin. Tosinaan haltiat suhtautuvat myös sankariin ainakin aluksi vihamielisesti. Kuitenkin sadun sankari kääntää kohtaamisen voitokseen, sillä hän liikkuu oikeilla asioilla ja osaa käyttäytyä oikealla tavalla.[106]

Kansansadun haltian ulkonäköä ei tavallisesti kovin paljon kuvailla. Haltia on usein metsässä asuva ukko tai akka, joka tulee sankaria polulla vastaan tai jonka mökkiin hän päätyy tarkoituksella tai sattumalta. Haltia voi myös olla eläinhahmoinen. Haltia saattaa auttaa sankaria ilman muuta tai se voi koetella häntä ensin pyytämällä apua ja palkita sitten oikein toimineen. Satu "Ukon tytär ja akan tyttäret"[107] kertoo uusperheestä, jossa äitipuoli hyljeksii miehensä tytärtä ja suosii omia tyttäriään. Hän heittää tytärpuolen leivän vierimään pitkin tietä. Karkuun vierivää leipää tavoittaessaan ukon tytär osuu torppaan, johon hänet pyydetään palvelukseen. Lehmien lisäksi tytön piti hoitaa sisiliskoja ja sammakoita, ja illalla eukko kävi eläimiltä kysymässä, miten piika oli hoitanut tehtävänsä.

"Olikos teillä hyvä piika?"

"Kyllä se oli niin hyvä", sanoivat sisiliskot, "ettei koskaan ole ollut, se pesi meidät puhtaaksi ja laittoi koreasti maata."

Sitten muija meni kuopan suulle ja kysyi sammakoilta:

"Olikos teillä oiva piika?"

"Kyllä se oli niin hyvä", sanoivat sammakot, "ettei koskaan ole ollut. Se niin puhtaaksi siivosi ja puhdisti vielä kuopan seinätkin."

Sitten muija meni tupaan ja kiitteli oivaa piikaa ja antoi hänelle kirstun, jossa oli kultaa ja kaikkia vaatteen kaunistuksia. Kun hän tahtoisi kirstusta vaikka mitä, niin kyllä sieltä aina saisi.[108] Tytön palattua kirstuineen kotiin äitipuoli lähetti myös omat tyttärensä aarteita hakemaan. Tytöt eivät tehneet töitään, vaan päinvastoin kiusasivat eläimiä. Eukko antoi heillekin kirstun kotiin vietäväksi, mutta kun äitipuoli tyttärineen kotona avasi kirstun, sieltä tuli tulta ja tervaa, joka tappoi heidät siihen paikkaan. Kunnollinen tytär pääsi vielä kuninkaanpojan puolisoksi.

Toisinaan haltia voi olla myös uhkaava hahmo. Kuninkaanpojalle kerrotaan, että kuutamolla katolla istuva mökintytär osaa kehrätä oljista kultaa, prinssi on heti innokas ottamaan moisen taiturin morsiamekseen. Hän kuitenkin uhkaa tyttöä ankaralla rangaistuksella, esimerkiksi elinkautisella vankeudella, ellei kultaa ala syntyä. Olkien keskellä itkevän tytön luokse saapuu yliluonnollinen auttaja, joka tekee työn hänen puolestaan. Haltia ei kuitenkaan auta ihan hyvän hyvyyttään, vaan uhkaa määräajan kuluttua viedä tytön (tai tämän tulevan lapsen) mukanaan, ellei tyttö osaa arvata auttajansa nimeä.[109] Tilanne muistuttaa pirusatua, jossa paholainen antaa apuaan määräajan, mutta sen päätyttyä vie autettavansa mukanaan. Uskomustarinoissa taas vastaava nimen arvaaminen liittyy usein kirkkoa rakentaviin jättiläisiin. Yliluonnollisen auttajan nimi saadaan sadussakin selville sattumalta osumalla kuulemaan, miten olento itse sen kertoo lauleskelemalla metsässä. Satu on ilmestynyt useita kertoja arkkisatuna, mistä johtunee, että haltian nimi on yleensä hyvin samantapainen, se voi olla Tittilän Tuure, Tittulas Tuuree, Titterätuura, Tittulan Turre, Tiristilän Tyyrä tai Tisserin Tasseri.[110]

Satu väkevästä pojasta[111] kuuluu Suomen suosituimpiin ihmesatuihin.[112] Sadun väkevä poika on usein erikoista syntyperää, esimerkiksi metsänneidon ja ihmismiehen jälkeläinen. Mies tapaa metsässä metsänneidon, rakastelee tämän kanssa ja hyvin pian, joskus jo seuraavana sunnuntaina, saa kasvatettavakseen nuoren pojan, joka ei kuitenkaan enää ole vauva eikä edes pikkulapsi. Poika syö monen miehen edestä ja on niin vahva, ettei häntä voita kukaan.

Metsänhaltioihin uskomista pilkkaa satu, jossa eukko menee kysymään metsänhaltialta, olisiko lehmä parempi lypsää vai tappaa.[113] Eukko huutaa kysymyksensä metsään ja kuulee metsänhaltian vastaavan "tappaa". Kun lehmä on teurastettu, hän käy kysymässä uudelleen, oliko lehmä todellakin parempi tappaa kuin lypsää, jolloin kaiku tietenkin vastaa "lypsää".

Fantasian tonttuja ja haltioita

Haltiat mielletään usein seikkailufantasian keskeisiksi olennoiksi, vaikka haltiat eivät esiinny fantasiassa päähenkilöinä kovinkaan usein. Tavallisemmin haltiat ovat mielenkiintoisia sivuhenkilöitä, jotka toisinaan auttavat päähenkilöä, joka useimmiten on ihminen. Haltiat kuuluvat yleensä nimenomaan tavallisesta maailmasta erilliseen fantasia- tai satumaailmaan, jonka asukkaina voi olla muitakin fiktiivisiä olentoja. Kotimaisessa fantasiassa haltioita esiintyy, mutta fantasiahenkiset toiset maailmat haltiakansoineen eivät ole suomalaiselle fantasialle erityisen tyypillisiä.

Aili Somersalon Mestaritonttu

Aili Somersalo (1887–1957) oli tuottelias kirjoittaja, joka kirjoitti pakinoita, aikuisten romaaneja sekä lasten- ja nuortenkirjoja mm. kirjailijanimillä Marianne, Aune Sarkanen, Eileen Summers ja Aili Tarvas.[114] Hänet palkittiin satutuotannostaan Topelius-palkinnolla vuonna 1952. Somersalo kirjoitti ensimmäisiksi suomenkielisiksi saturomaaneiksi nimitetyt kertomukset *Päivikin satu* (1918) ja *Mestaritontun seikkailut* (1919).

Päivikki on ryöstetty prinsessa, joka on elänyt köyhässä torpassa, jonka emäntä on suosinut omaa tytärtään ja hyljeksinyt Päivikkiä. Kerran ollessaan sieniä etsimässä Päivikki joutuu peikkojen vangiksi, mutta vapautuu peikkojen luolasta kissan avulla. Kissa osoittautuu Satumaan prinssi Yönsilmäksi, Päivikin veljeksi, ja Päivikki muuttaa Satumaahan, jossa viettää onnellista aikaa. Merenkuninkaan poika on kuitenkin ihastunut Päivikkiin ja houkuttelee tätä valtakuntaansa, mutta Päivikki vastustelee, koska hänelle on kerrottu, että joka kerran mereen joutuu, ei milloinkaan voi palata. Lopulta prinssi vie Päivikin puoliväkisin mukaansa, ja kun Päivikki katsoo prinssiä silmiin, hän ei enää haluakaan palata, vaan menee ilolla merenkuninkaan pojalle puolisoksi. Sadun päättyessä prinssi Yönsilmä jää itkemään menettämäänsä sisarta.

59

Romaanit ovat erilliset, vaikka *Mestaritontun seikkailut* jatkaa *Päivikin satua* päähenkilönään jo *Päivikin sadussa* esiintynyt Mestaritonttu: Päivikki huusi hädissään Mestaritonttua avukseen, kun merenneidot yrittivät viedä hänet vasten hänen tahtoaan merenkuninkaan linnaan.

Mestaritonttu on Satumaan kuninkaanlinnan päähaltia, joka on satoja vuosia vartioinut Satulinnaa. Eräänä yönä Mestaritonttu kuulee musiikkia ja huomaa merenneitojen kisailevan lammella Päivikki mukanaan. Kuningas toruu ankarasti Mestaritonttua, koska tämä oli käynyt kutsumassa Päivikkiä herättämättä kuningasta, ja tästä loukkaantuneena Mestaritonttu päättää lähteä Satumaasta. Matkallaan Mestaritonttu tapaa noita Sammaleisen, joka kutsuu tontun luokseen Suosaarelle. Siellä Mestaritontulle paljastuu, että noidilla on vankina ryöstetty prinsessa, joka aiotaan pakottaa noitien kuninkaan Julma-Kumman puolisoksi. Prinssi Yönsilmän avulla Mestaritonttu vapauttaa prinsessan ja myös tämän veljen, Aamuruskonmaan kuninkaan. Aamuruskonmaan kuningas puolestaan noutaa Päivikin merestä. Vaikka Päivikin puoliso, merenkuninkaan poika, on kuollut, Ahti ja Vellamo eivät suostu päästämään Päivikkiä. Aamuruskonmaan kuningas saa kuitenkin tuoduksi hänet rantaan. Yönsilmä ottaa puolisokseen pelastamansa prinsessa Sarasten, Päivikki taas pelastajansa Aamuruskonmaan kuninkaan.

Mestaritonttu on iältään yli yhdeksänsataavuotias, mutta ei ole vanhuudenheikko, vaan jaksaa reippaana korjata Sammaleisen mökkiä ja rakentaa itselleenkin oman majan. Hän käyttää punaista lippolakkia ja tuohisia töppösiä. Mestaritontulla on pitkä, valkoinen parta. Tonttujen viisauden kerrotaan olevan tontun parrassa, mutta kun Sammaleinen noitaystävineen aikoo tehdä Mestaritontusta hieman tyhmemmän tämän pitkää partaa lyhentämällä, sakset eivät pysty Mestaritontun partaan.

Kertomuksessa esiintyy toinenkin haltia, joka ei ole hyväntahtoinen auttaja, kuten satujen haltiat usein. Noitien herraa Julma-Kummaa nimitetään monessa yhteydessä haltiaksi. Hän on

suuri harmaa olento, joka tukka oli niin pitkä, että valkoiset haivenet laahasivat maata. Partakin oli jaettu keskeltä kahteen yhtä suureen puoliskoon, ja kumpaistakin puoliskoa kantoivat noidat, jotka astelivat olennon oikealla ja vasemmalla puolella.[115]

Julma-Kumma on noitien hallitsija, joka asuu Kyöpelivuoren luolissa, joita vartioivat lohikäärmeet. Hän on ankara ja arvonsa tunteva hallitsija eikä epäröi rangaista alamaisiaan tai pakottaa ryöstettyä prinsessaa puolisokseen.

Suomalaisia fantasiahaltioita

Kotimaisessa fantasiassa haltiat eivät ole kovin keskeisiä, vaikka toki niitä esiintyy. Suomalaiset haltiat ovat enimmäkseen luonnonhaltioita, jotka asuvat metsissä tai vesistöissä. Luonnon suojeleminen tai luonnon hyvinvoinnin ja tasapainon valvominen kuuluvat usein haltioiden tehtäviin. Varhaisissa suomalaisissa taidesaduissa haltiat ja peikot esiintyvät usein toistensa vastavoimina samoissa saduissa. Tällöin peikot edustavat pimeää ja pahaa, haltiat valoa ja hyvää, joka auttaa ihmispäähenkilön voittoon pahasta.

Zacharias Topeliuksen (1818–1898) sadussa "Vattumato" esiintyy vattupensaikon haltia, vattukuningas. Tämä on elänyt tuhansia vuosia, mutta ettei hän ylpistyisi, hän muuttuu kerran sadassa vuodessa yhden päivän ajaksi avuttomaksi vattumadoksi. Sadun päähenkilöt Aina ja Teresia ovat säälineet vadelmista löytämäänsä matoa ja vieneet sen varovasti ulos turvalliseen paikkaan, vaikka Lauri-veli uhkaa polkea tai lyödä madon kuoliaaksi. Kun tytöt sitten eksyvät marjamatkalla, heille ilmestyy kuin tyhjästä ruokaa ja vuode yöksi; seuraavana aamuna vattukuningas näyttäytyy tytöille, johdattaa heidät kotiin ja palkitsee kypsän vatun näköisistä hohtokivistä tehdyillä rannerenkailla. Sadun lopuksi vielä vattukuningas muistuttaa Lauria, ettei saa tappaa turvatonta.

Anna-Liisa Haakanan lastenkirjassa *Järventekijä ja vedenväki* (2001) vedenväki edustaa sekä hyvää että pelottavaa luontoa. Ihminen sekoittaa luonnon järjestyksen rakentamalla kanavan, mutta liikkeelle lähtevä vesi ei olekaan enää ihmisen hallittavissa. Ajattelematon hanke sekoittaa sekä ihmisten ja eläinten että veden asukkaitten elämän. Hyvää vedenväkeä johtaa Ahti puolisonaan Vellamo, heidän lapsensa ovat hopeapyrstöisiä vedenneitoja ja vedenpoikia. Vastustajina toimivat vesihiidet ovat Ahdille sukua, mutta pahoja, ja Vesihiiden tyttären Viherhampaan mainitaan seurustelevan mielellään näkkien kanssa.

Viivi Hyvösen nuortenromaanissa *Etsijä* (1995) kaikki varsinaiset toimijat ovat haltioita; ihmisiä ei kertomuksessa ole ollenkaan. *Etsijän* haltiat ovat kasvissyöjiä ja pyrkivät elämään sopusoinnussa luonnon kanssa, vaikka toisaalta asuvat rakennetuissa kylissä ja elävät paljolti ihmisten tapaan. Maailmaa pelastamaan lähtevät kaksi nuorta haltiaa tapaavat matkallaan useiden eri haltiakansojen edustajia sekä myös erilaisia luonnonhenkiä ja metsänolentoja. Haltiat ovat yhteydessä luontoon mm. kaikille yhteisen elämänpuun välityksellä.

Käännösfantasian haltioita

Haltiat kuuluvat nykyään fantasiamaailmojen keskeisiin asukkaisiin. Erityisesti J. R. R. Tolkienin (1892–1973) teokset *Hobitti* ja *Taru sormusten herrasta* ovat vakiinnuttaneet fantasian kuvastoon kauniit ja jalot haltiat, jotka ovat periaatteessa kuolemattomia. Tolkienin fantasiamaailmassa asui monenlaisia haltioita, joilla oli oma, huolellisesti laadittu kehityshistoriansa. Kielitieteilijänä Tolkien kehitti haltioilleen myös omia kieliä, joista suurhaltiakieli quenya sai vaikutteita mm. suomen kielestä. Haltiakieli kuulostaa kuulijoista kauniilta, vaikka sitä ei ymmärtäisikään. Tolkienille haltiat edustivat korkeinta ihmisyyttä ja kaikkea sitä, mikä ihmisessä oli hyvää ja jaloa.[116] Pahuus, olipa se *Hobitin* jättiläishämähäkkien tai *Sormusten herran* Mustien Ratsastajien muodossa, väistää haltioita.

Haltiat kuuluivat kuitenkin fantasiamaailmojen asukkaisiin jo ennen Tolkienia. Lordi Dunsanyn (1878–1957) vuonna 1924 ilmestyneessä teoksessa *Haltiamaan kuninkaantytär* (suom. 2007) ihmiset ja haltiat elävät omissa maailmoissaan, jotka sijaitsevat rinnakkain mutta olivat väistämättömän erilaisia. Erlin neuvosto toivoo taikavoimaista hallitsijaa, joten linnanherran vanhin poika lähetetään Haltiamaahan kosimaan haltiakuninkaan tytärtä. Prinssi Alveric käy Haltiamaassa, voittaa lumoavan prinsessa Lirazelin rakkauden ja pakenee tämän kanssa kotiinsa. Mutta

Lirazelin on vaikea oppia elämään ihmisten tavoin, ja lopulta Haltiakuninkaan mahtiriimu saa hänet palaamaan tuulen mukaan isänsä luokse maahan, jossa ei ole aikaa eikä kuolemaa ja kaikki ovat onnellisia. Alveric etsii turhaan vaimoaan, sillä hän ei enää pääse Haltiamaahan. Sen sijaan Lirazelin ja Alvericin poika katselee kohti Haltiamaata ja kuulee haltiatorvien äänen. Ennen pitkää Erl saa osalleen taikuutta paljon enemmän kuin neuvosto toivoi, mutta tehtyä ei saa enää tekemättömäksi.

Neil Gaiman on käyttänyt ajatusta satumaan ja tavallisen maailman rinnakkaisuudesta teoksessaan *Tähtisumua*. Muurin kylä rajoittuu Haltiamaahan. Rajalla on muuri, josta kylä on saanut nimensä, ja muurissa on yksi, tarkasti vartioitu portti. Joka yhdeksäs vuosi kylässä järjestetään markkinat, joille saapuu vieraita kaikkialta maailmasta. Markkinat ovat erikoiset, koska niille tulee väkeä myös muurin toiselta puolelta. Nuori Dunstan Thorn tapaa markkinoilla kauniin haltiatytön, minkä seurauksena vajaan vuoden kuluttua portille ilmestyy kori, jossa on poikavauva ja lappu, jossa lapsen nimeksi kerrotaan Tristran Thorn. Nuorukaisena Tristran haluaa lähteä hakemaan tähdenlentoa muurin takaa. Hänen ällistyksekseen isä vie hänet muurin portille ja vartijat päästävät hänet ilman muuta läpi. Tristranin syntyperästä huolimatta Haltiamaa tarjoaa hänelle jatkuvasti hämmästyksen aiheita eikä tähdenhakutehtäväkään ole aivan sellainen, kun hän on kuvitellut.

Haltiakuningatar houkuttelee kauniin harpunsoittajan Thomas Riiminiekan keijujen valtakuntaan Ellen Kushnerin teoksessa *Thomas Riiminiekka* (2008). Kuningatar pitää Thomasia luonaan seitsemän vuotta, eikä tämä pysty palaamaan ihmisten maailmaan ennen kuin määräaika

64

on kulunut umpeen. Teos pohjautuu irlantilaiseen balladiin. Lordi Dunsanyn teoksessa Haltiamaa muistuttaa irlantilaisten balladien keijujen maata, joka on ihmisten maailman lähettyvillä mutta kuitenkin jossakin muualla. Gaimanin teoksessa ihminen pystyy halutessaan siirtymään Haltiamaahan, jolla on selvä sijainti. *Haltiamaan kuninkaantyttäressä* Haltiamaan rajat ovat liikkuvat, ja Haltiakuningas voi siirtää rajoja halutessaan estää ihmisen pääsemästä hänen valtakuntaansa. Samaten on *Thomas Riiminiekassa*; haltiamaahan ei pääse kuin Haltiakuningattaren mukana.

Kotitonttuja tai muita kodinhaltioita ei fantasiakirjallisuudessa kovin yleisesti esiinny. Poikkeuksen tekee J. K. Rowlingin *Harry Potter* -sarja, jossa varakkailla vanhoilla perheillä saattaa olla kotitonttu, joka on sidoksissa taloonsa ja sen omistajiin. Useimmille kotitontuille isäntäväen palveleminen on elämän korkein tarkoitus, mutta vaikka niin ei olisikaan, tonttu ei pysty toimimaan isäntäväkeään vastaan. Kodinhaltioiden suhde isäntäväkeen liittyy tavallaan vaatteisiin, sillä jos isäntä lahjoittaa tontulle vaatteita, se merkitsee tämän lähettämistä pois talosta. Harry tapaa risaiseen tyynyliinaan pukeutuneen kotitontun, Dobbyn, joka ei ole tyytyväinen isäntäänsä:

> "Tämä on merkki kotitontun orjuudesta. Dobby voi päästä vapaaksi vain jos isäntä antaa sille vaatteen. Perhe varoo visusti, ettei vain anna Dobbylle edes sukkaa, koska silloin Dobby vapautuisi ikuisiksi ajoiksi heidän talostaan."[117]

Kun Harry saa kotitontun isännän heittämään tätä kohden vanhan sukan, tonttu tulkitsee tämän vaatteiden lahjoittamiseksi ja merkiksi vapauden saamisesta huolimatta isännän vastustuksesta.

II Jättiläisiä, peikkoja ja maahisia

Uskomustarinoissa yhteisöllisten yliluonnollisten olentojen asumukset saattavat sijaita aivan ihmisyhteisöjen lähettyvillä. Maanalainen väki asui joskus jopa suorastaan ihmisrakennusten alapuolella, ja peikot voivat käydä lainaamassa ihmisnaapureiltaan tarvekaluja. Vaikka näin läheistä naapuruussuhdetta ei olisikaan ollut, uskomustarinoiden peikot ja maahiset eivät mitenkään erityisesti yrittäneet salata ihmisistä olemassaoloaan.

Fantasiassa ihmisillä ei useinkaan ole varmuutta yliluonnollisten olentojen olemassaolosta tai ainakaan ihmiset eivät niistä kovin paljon tiedä. Varsinkin saduissa peikot voidaan olettaa ilman muuta jollakin tavoin "pahoiksi". Sen paremmin kotimaisessa kuin ulkomaisessakaan fantasiassa yliluonnollisten olentojen yhteisöt eivät yleensä varta vasten pyri kosketuksiin ihmisten kanssa. Esimerkiksi Eoin Colferin *Artemis Fowl* -sarjassa yliluonnolliset olennot asuvat maan alla piilossa ihmisiltä, joita ne nimittävät saviväeksi. Vaikka nämä olennot eivät muodosta yhtä, täysin yksimielistä kansaa, kaikille on kuitenkin tärkeää pysytellä ihmisten tietämättömissä.[118]

Yhteisöllisiä uskomusolentoja

Haltiat esiintyvät uskomustarinoissa tavallisesti yksittäisolentoina eli haltioita on vain yksi kussakin paikassa, josta haltia pitää huolta. Sen

66

sijaan jättiläisten, peikkojen ja maahisten on kerrottu asuvan yhteisöissä, joissa ne elävät ihmisten tavoin: hoitavat karjaa, leipovat ja saavat lapsia. Yhteisöllisiä uskomusolentoja ovat myös esimerkiksi *lintukotolaiset*, jotka asuivat maailman ääressä, paikassa, jossa taivas kaartuu hyvin matalalle lähelle maata. Lintukotolaisiset ovat hyvin pienikokoisia. Kerrotaan, että niitä mahtui kuusi kannon päähän tai että lintukotolaispariskunta mahtui nukkumaan tervatynnyrin kannella. Harvinaisempia uskomusolentoyhteisöjä oli esimerkiksi *lasturantteen* tai *lastukon väki*.

Pohjoisen *staalo* (*stállu*) on eri tarinoissa ollut useimmiten jonkinlainen jättiläinen, isokokoinen peikko tai piru, joka on kuitenkin tavallisesti esiintynyt yksittäisolentona. Staaloksi on joskus pohjoisessa nimitetty myös keinotekoista ihmisenmuotoista olentoa, joka on tehty kostamaan tai pahantekoon.

Tarinoissa olentojen nimitykset vaihtelevat ja esimerkiksi maahinen ja metsänhaltia voidaan joskus sekoittaa keskenään. Niiden erona on esimerkiksi se, että maahiset vievät ihmisiä nimenomaan maanalaiseen maailmaan, kun taas metsänhaltia pidättää ihmistä metsässä metsänpeiton avulla. Toisaalta kuitenkin eläimen (esim. lehmän) on metsänpeitossa ollessaan voitu ajatella olevan piilotettuna maan alle.[119] Myös vedenhaltia- ja maahisuskomukset sekoittuvat toisinaan. Tarinoissa kerrotaan esimerkiksi, miten vedenhaltia hakee ihmisen kätilöksi tai veisaamaan kuolleelle lapselleen. Rannan lähellä on kerrottu myös joskus nähdyn laiduntamassa rotevaa ja hyvälypsyistä vedenhaltioiden karjaa.

Jättiläiset

Jättiläiset ovat asuneet Suomessa kauan sitten, paljon ennen ihmisten tuloa. Tarinoissa on kerrottu jättiläisten elämästä, mutta erityisesti sellaisista paikoista, joissa on edelleen kertomishetkellä näkynyt jälkiä jättiläisten toiminnasta. Tällaisia merkkejä jättiläisistä ovat olleet esimerkiksi isot siirtolohkareet, jotka on selitetty jättiläisen heittämiksi tai pudottamiksi kiviksi. Yksittäinen iso kivi voi olla jättiläisen kiukuissaan viskaama, joen kivikko voi olla peräisin jättiläiseukon helmastaan pudottamasta kivikuormasta. Joskus jopa aurinko ja kuu kerrotaan syntyneen jättiläisten toiminnasta, esimerkiksi jättiläisen kuljettamista kolikoista: "Jättiläinen kaatui kalliolle, ja rahat lensivät kaikki hajalleen. Niistä tulivat aurinko ja kuu taivaalle."[120]

Tarinoissa kerrotaan, että jättiläiset ovat joutuneet väistymään Suomesta ihmisten tieltä. Christfrid Gananderin mukaan noin vuonna 1770 "vanha Kaisa-muori" kertoi

[---] Kalewan Tyttären ottaneen hewosen ja kyntäjän ja auran, jotka toi äitilleen ja sano: mikä sitti sontiainen tämä on, jonka minä löysin, äiti, maata tonkimasta? äiti sanoi: vie pois piikani: meidän pitää pois paeta täldä maalda; ne tulewat tänne asumaan.[121]

Toisinaan jättiläisten poistumisen syyksi on kerrottu kristinuskon tulo, jolloin jättiläiset ovat aluksi vain siirtyneet syrjäisimmille seuduille, jonne niitä häiritsevät kirkonkellot eivät kuuluneet.

Jättiläiset ovat kuitenkin myös osallistuneet kirkkojen rakentamiseen. Monissa kirkoissa kerrotaan vieläkin olevan nähtävissä jälkiä kirkkoa rakentaneista jättiläisistä, esimerkiksi jättiläistytön tuoma erikoisen iso kivi. Ainakin Huittisten ja Raision kirkkojen kerrotaan olevan jättiläisten rakentamia, ja monien muidenkin kirkkojen rakentamiseen jättiläiset ovat osallistuneet. Aina ei kerrota, miksi jättiläiset ovat osallistuneet kirkon rakentamiseen, mutta toisinaan ne tekevät työtä nimenomaan palkan toivossa. Rahapalkkaa jättiläiset eivät ole halunneet, vaan muuta: joskus ne ovat halunneet rakennustyöstään palkaksi papin, joskus kirkontäyden ihmisiä.

Kalliokööpelit rakensivat kerran kivikirkkoa sellaisilla ehdoilla, että saavat kirkon valmistuttua papin palkakseen, jollei pappi saa kööpelien nimiä tietoonsa. Kirkko oli jo valmistumaisillaan, ja pappi käveli suruissaan metsässä. Silloin hän kuuli kalliokööpelin vaimon laulelevan lapselleen:
"Killi kirkkoa tekee, Nalli nauloja takoo,
huomenna ison herran päätä keitetään."
Pappi kiirehti kirkon luo, jossa kalliokööpelit juuri asettivat ristiä paikoilleen ja huusi: "Killi kirkontekijä, pane iso risti suoraan! Nalli naulantakoja, pane napapelkka lujaan!" Työt jäivät rakentajilta siihen paikkaan. Vihoissaan vielä pappia nakkasivat raskaalla moukarilla. Pappi kuitenkin ennätti väistää ja moukari vajosi kuusi syltä syvälle kankaaseen.[122]

Edellä kuvattu Nivalasta tallennettu tarina ei mainitse, mistä kirkosta on kysymys; jättiläiset Killi ja Nalli mainitaan tavallisesti kuitenkin

69

nimenomaan Raision kirkon rakentajina. Kirkonrakennuksessa jättiläisiä on joskus huijattu jättämällä kirkko ihan hiukan keskentekoiseksi, jolloin se on voitu ottaa käyttöön, mutta rakentajat ovat jääneet ilman palkkaansa.

Jättiläiset ovat kuuluneet Suomessa erityisesti läntiseen perinteeseen. Kuten monien muidenkin uskomusolentojen, myös jättiläisten nimitykset ovat vaihdelleet eri paikoissa ja eri tarinoissa. Niitä on nimitetty ainakin *kalevanpojiksi, hiisiksi, piruiksi, peikoiksi, tontuiksi, munkeiksi, nunniksi, muukkilaisiksi, meteliläisiksi, juutilaisiksi* ja *jatuleiksi* tai *jotuneiksi*. Yliluonnollisten olentojen nimitysten monimuotoisuudesta kertoo, että muutamien uskomustarinamerkintöjen mukaan meteliläisten on kerrottu olevan tavallista pienikokoisempaa kansaa. Nunnat ja munkit liittyvät erityisesti tarinoihin kirkkojen rakentamisesta ja kantavat kaikuja katolisesta ajasta. Nimitys juutilaiset tulee todennäköisesti tanskalaisista, juuteista. Jatulien ja jotunien taustalla on arveltu olevan norjan sana 'jøtul' tai 'jutul' ja islannin 'jötnar', jotka myös merkitsevät jonkinlaisia jättiläisolentoja.[123]

Monenlaisista nimityksistä huolimatta kysymyksessä ovat olleet nimenomaan sellaiset olennot, jotka ovat selvästi ihmistä suurempia. Jättiläisten heittämiksi kerrotut kivet ovat niin suuria, ettei yksi ihminen saisi sellaista liikkumaankaan. Jättiläisten suurta kokoa on kuvailtu esimerkiksi kertomalla, miten jättiläisen jalkojen välistä tai koukistettujen polvien alta voi ajaa hevosella. Gananderin muistiinkirjoittama tarina

70

jättiläistytöstä löytyy myös muualta, toisinaan siinä mainitaan, että jätti-
läislapsi kuljettaa ihmistä hevosineen ja rattaineen taskussaan tai esilii-
nansa helmassa.

Jättiläinen voi olla niin valtava, ettei edes huomaa ompelulankaansa sot-
keutuvaa ihmistä, vaan arvelee saumaan tulleen pienen nystyrän käy-
tössä tasaantuvan.

Maarian kirkon harjalla istui jättiläissuutari oppipoikansa kanssa pi-
kisaumasaappaita pohjaamassa. Jalat olivat yhtäkaikki maassa. Siitä
meni mies härkäparin kanssa, lautakuorma rattailla. Pikinuoran
lenkki oli silloin parhaillaan maantiellä. Härkäpari osui tulemaan
lenkkiin ja nousi pikilangan mukana.

Uurteeseen tuli aika myhkyrä, jolloin oppipoika sanoi mestarilleen:
"Tuohon tuli nyt myhkyrä." Mestari sanoi oppipojalle: "Koputa kiinni
vain!" Oppipoika koputti kiinni myhkyrän.[124]

Jättiläisillä oli myös yliluonnollisia taitoja, ne esimerkiksi pystyivät sou-
tamaan kivellä. Jättiläisten kerrotaan soutaneen kivipaadella muulloin-
kin, mutta erityisesti silloin, kun ne joutuivat muuttamaan pois ihmisten
tieltä. Kivipaadella tai myllynkivellä soutaminen liitetään uskomustari-
noissa myös moneen nimeltä mainittuun noitaan, esimerkiksi Rättäkit-
tiin, ja pirunkin on kerrottu noitakonstein pystyvän soutamaan kivellä.
Kivellä soutaminen näkyy joskus myös maastonimistössä, kun suurta ki-
veä on voitu nimittää Väinämöisen tai jättiläisen veneeksi.

Peikot

Ihmisenmuotoisiin yhteisöllisiin uskomusolentoihin kuuluvat myös *pei-
kot*, joita on nimitetty myös mm. *vuorenpeikoiksi, vuorenhaltioiksi,*

71

hiisiksi, hiidenväeksi, kööpeleiksi ja *jättiläisiksikin*. Sen sijaan satukirjoista tuttu *menninkäinen* tai *männingäinen* ei ole ollut kovin yleinen peikkojen nimitys, vaan se on voinut viitata monenlaisiin yliluonnollisiksi ajateltuihin olentoihin.

Peikkojen on kerrottu asuvan vuorten ja kallioiden sisällä, jossa ne elävät hyvin pitkälti ihmisten tapaan. Kallion sisältä on joskus voinut kuulua ääniä peikkojen elämästä: kirnuamisen tai kankaan kutomisen ääniä tai laulua ja soittoa. Peikkojen on myös esimerkiksi kerrottu tuulettaneen villoja kalliolla. Kun niitä yritettiin ottaa, nähtiin karvaisten käsien vetävän villat kallion sisään.[125] Toisaalta metsästä löydetty peikkojen kangaspakka on voinut muuttua kotona höylänlastuiksi.[126] Joskus peikkojen leipoessa on metsässä tuntunut vastaleivotun leivän tuoksu. Joskus ihminenkin saattoi päästä osalliseksi peikkojen tuoreesta leivästä:

Alajärven – Vimpelin välillä on Pyhävuori. Jaakko Isoniemi oli siellä poikasena paimenena. Silloin sattui, että hän keskellä sydänmaata tunsi lämpimän leivän hajua. Hän sanoi: "Antakaapa minullekin, kun niin hyvälle haisee." Siinä samassa ilmestyi hänen polvilleen lämmin leipä.[127]

Peikot saattoivat elää sulassa sovussa ihmisnaapuriensa kanssa ja jopa käydä lainaamassa näiltä tarvekaluja:

Mun isoäiteevainaan minä muistan toimittanehen niistä Penkkivuaren peikoosta, jotta siäl´on asunu peikkoja siälä vuoren lualis, ja niillä oli sitte vissihin ollu lehmiäki kun ne olivat mennehet pyytämähän jostakin taloosta lypsinkiulua, ja sanonehet jotta "siuhan souhakkaa" me ottaasimme. Sitte ne olivat taas ollehet vailla vyhydinpuita, ja sanonehet niitä jotta "viiksivaaksittimet". Totta kai

72

ne olivat siälä sitte keheränneetki kun ne vyhydinpuita vailla olivat ollehet.[128]

Peikkojen kerrotaan pyytäneen naapureiltaan lainaksi myös esimerkiksi hömpäntömppää tai viipsun vaapsutinta, joilla ne tarkoittivat perunanuijaa ja seulaa.[129]

Tarinat ihmisestä, joka noudetaan kätilöksi yliluonnollisille olennoille, ovat laajalti tunnettuja. Suomessakin ihminen voi toimia kätilönä peikolle tai maahiselle, joskus myös vedenhaltialle. Peikon kätilö saa usein palkakseen kulumattoman ja likaantumattoman paidan, jonka alkuperää ei saa kertoa kenellekään. Toisinaan kätilölle annetaan myös jotakin arvottomalta näyttävää, kuten karvalankaa tai kuivia lehtiä, jotka aamulla kotona ovat muuttuneet rahoiksi tai muuksi arvokkaaksi. Kerrotaan, että kerran eräs vaimo oli pyydetty kätilöksi peikolle ja sai palkkioksi esiliinansa täyteen höylänlastuja. Hän kiitti, mutta kotimatkalla heitti lastuista suurimman osan metsään ja ravisti loput kotona lieteen. Aamulla mies tuli herättämään vaimoaan ihmetellen, miten lieden pesässä on kultarahoja. Silloin toki vaimoa harmitti, kun oli heittänyt lastuja menemään. Joskus tarinoissa tapahtuu myös päinvastoin: yliluonnollisen olennot antamat rahat muuttuvat kotona arvottomaksi roskaksi.

Aina peikot eivät ole pelkästään ystävällisiä, ne voivat houkutella tai ryöstää ihmisiä luoliinsa. Siellä ihmisille tarjottiin vastenmielistä ruokaa: hiiliä, räkää tai lehmän lantaa. Kerrotaan, että kerran vuorenpeikkonuorukainen houkutteli tytön mukaansa kalliossa olevasta reiästä vuoren sisälle. Tyttö sai ruokaa, jota luuli hyväksi, mutta joka oli muuta: "lehmän p-a voina ja sammakon raato lihana". Tyttö tuli myöhemmin

73

veljensä kanssa katsomaan paikkaa ja näki millaista ruoka oikeasti oli ollut.[130]

Kerrotaan, että peikot saavat kaiken tarjoamansa ruoan näyttämään hyvältä, mutta tarjottavaa ruokaa ei saa siunata, koska silloin se muuttuu vastenmieliseksi ja syömäkelvottomaksi: leipä kiveksi, keitto sammaleiksi ja makkarat käärmeiksi.[131] Peikkojen ryöstämät ihmiset voivat palata kotiin lyhyen käynnin jälkeen, mutta kerrotaan myös, että joskus peikkojen lapsena ryöstämä ihminen saattoi palata kotiin aikuisena vuosien kuluttua. Joskus peikkojen ryöstämä on kokemuksesta menettänyt järkensä. Peikkojen kerrotaan tavallisesti pitävän ryöstämistään ihmisistä hyvää huolta, mutta mainitaan, että peikot ovat joskus ryöstäneet ihmisiä myös syödäkseen näitä.

Peikot ovat myös vaihtaneet ihmislapsia joko omiin lapsiinsa tai vanhuksiinsa.[132] Vaihdetun lapsen, *vaihdokkaan*, on tunnistanut siitä, ettei se kehity eikä puhu, vaikka saattaa kasvaa suurikokoiseksi. Lapsi on tavallisesti jotenkin kummallisen tai erikoisen näköinen, sillä voi olla oudonnäköiset raajat tai pitkät hampaat. Toisinaan vaihdokas ei syö ihmisten nähden, vaan ahmii ruokaa muiden poissa ollessa. Vaihdokkaan voi yrittää paljastaa esimerkiksi huijaamalla sen puhumaan, jolloin vaihdokas lähtee kiukuissaan tiehensä. Kerrotaan, että vaihtajan voi saada tuomaan ihmislapsi takaisin myös esimerkiksi vaihdokasta piiskaamalla, jolloin vaihtaja moittii lapsensa tai vanhan äitinsä huonoa kohtelua, sieppaa omansa mukaansa ja jättää vaihdetun lapsen tilalle.

Peikot on kansantarinoissa usein kuvattu ikään kuin toisena, ihmisen tapaisena lajina, joka elää hyvin pitkälti ihmisten tapaan, tosin metsässä ja vähän omalaatuisesti. Toisaalta joissakin tarinoissa on korostettu nimenomaan peikkojen yliluonnollisuutta ja ei-kristillisyyttä: esimerkiksi kirkonkellojen soiton on kerrottu kiusanneen myös peikkoja, jolloin ne ovat väistyneet kauemmaksi ihmisten asumusten läheltä. Joskus on myös mainittu, että peikot saavat sen ruoan, jota ihmiset eivät siunanneet tai jota kirottiin.

Maahiset

Maahisista on kerrottu erityisesti Suomen Lapin länsiosissa, missä niitä on nimitetty myös *kufittariksi*.[133] Maahisia on nimitetty myös *maahiaisiksi* tai *manalaisiksikin*. Toisinaan maahisilla voidaan kuitenkin tarkoittaa kutakuinkin mitä tahansa yliluonnollisia luonnonolentoja.[134]

Maahiset elävät maan alla kutakuinkin samalla tavoin kuin ihmiset, mutta niiden elämän on kuitenkin mainittu olevan hiukan vanhakantaisempaa kuin samaan aikaan eläneitten ihmisten.[135] Maahisten syntyhistoriasta kerrotaan, että ne ovat alkuperältään Aatamin ja Eevan lapsia kuten ihmisetkin. Jumalan tullessa paikalle Aatami piilotti osan lapsistaan, kun niitä oli hänen mielestään hävettävän monta, tai Eeva oli juuri pesemässä lapsiaan ja laittoi Jumalalta piiloon ne, joita ei ollut vielä ehtinyt pestä.

Maahiaiset asuvat maan alla näkymättömissä. Ne on ne ihmiset, jotka Aatami ja Eeva kätkivät. Ne teit niin paljon lapsia ja kätkivät ne,

75

kun Jumala tuli kattomaan. Ja Jumala sanoi, että sinne ne jääköön. Ja sinne ne jäivät. Ja siitä tulivat maahiaiset, ja ne asuvat maan alla vieläkin.[136]

Tällainen tarina maahisten synnystä on kansainvälisesti tunnettu.[137]

Myös maahiset houkuttelivat toisinaan ihmisiä asumuksiinsa maan alle. Maahisten luokse voitiin päätyä maahisten johdattamana näiden omia kulkuteitä pitkin, jolloin saatettiin kertoa esimerkiksi, miten "kiveen oli tullut ovi."[138] Maahisten luokse voi joutua myös siirtymällä yllättäen maan alle: "maa löysäsi Maijan jalkojen alla, ja hän painui alas."[139] Paluuta ei tavallisesti kuvata yksityiskohtaisesti, palaaja voi havahtua saman puun alta kuin lähtikin tai herätä nukkumasta selkä kiveä vasten.

Lapissa kerrottiin, että erityisesti viettelevän kauniit maahisten tyttäret saattoivat houkutella miehiä mukaansa maan alle. Jopa ihmisen ja yliluonnollisen olennon avioliitosta on kerrottu:

-- emäntä oli siivo ihminen, aivan mainio. Ja se emäntä kastettiin ja pantiin nimeksi Kristiina. Se osasi parantaa kaikki tauit. Kävit kyllä isäntä ja emäntä kylässä maahiaisten luona, mutta ei emäntä sinne jäämään päässyt, kun tämän maan ihminen oli siltä veren ottanut.[140]

Maahisten luona käyneet ihmiset tiesivät kertoa: "Siell oli ollu ihan niinku täälläki. Siell oli olluk kauppa ja lohenmätiä ihan ninku täälläki."[141] Maahisten asumukset saattoivat olla aivan ihmisasumusten tuntumassa. Toisinaan ihmiset tulivat rakentaneeksi omia rakennuksiaan jopa maahisten rakennusten yläpuolelle tai maahisten kulkutielle. Tällöin maahiset pyysivät ihmisiä siirtämään rakennuksensa. Usein kysymyksessä oli ihmisten navetta tai karjasuoja, josta eläinten jätökset valuivat maahisten ruokapöydälle.[142] Maahisten valitukset oli syytä ottaa vakavasti, sillä ellei rakennusta siirretty, maahiset alkoivat aiheuttaa häiriötä ja saattoivat lopulta vaikka polttaa heitä häiritsevän rakennuksen.

Maahiset olivat rikkaita ja niillä oli suuria karjalaumoja, lehmiä ja pohjoisessa poroja. Toisinaan varsinkin yksittäisen maahisten eläimen on mainittu olevan valkoinen, mutta useimmiten maahisten karja on samannäköistä kuin ihmistenkin, paitsi ehkä poikkeuksellisen kookasta ja hyvinvoivaa. Joskus ihmiset onnistuivat saamaan omakseen maahisten karjaa. Tavallisesti tällaisten eläinten saaminen omaksi edellytti jonkinlaisia taikoja, kuten jonkin esineen heittäminen eläinten yli tai lauman kiertäminen. Maahisten lehmät lypsivät poikkeuksellisen paljon. Kerrottiin, että sellaisen lehmän saatuaan on ensimmäistä lypsyä varten otettava oikein iso astia, sillä lehmä lypsi yhden astian täyteen ja myöhemmin aina saman verran kuin ensimmäisellä kerralla.

Maahiset voivat kutsua ihmisen kätilöiksi kuten peikotkin ja myös maahisten kerrotaan vaihtaneen lapsia.

Nytkin vielä täällä joskus kuufitaret vaihtavat kastamattomia lapsia. Taavet-Aili asui sitten tässä. Vähän matkan päässä oli manalaisilla talo.niitten emäntä käski Ailia vieraaksi syömään fiiliä, kun heillä oli viisi lehmää.
Kuufitar-emännän nimi oli Margit. Se oli Ailin ystävä ja Aili kysyi siltä nimenkin ja muita asioita.
Kuufitar-Margit oli muistellut Ailille, että hänellä oli seitsemän lasta, neljä tytärtä ja kolme poikaa. Ne oli ottanut niitä ihmisiltä.[143]

Maahisemännän tarjoama viili ei näytä aiheuttavan ongelmia, mutta usein kerrotaan, ettei maahisten luokse tarkoituksella tai vahingossa joutuva saa syödä mitään maahisten ruokaa, koska silloin ei enää pääse palaamaan ihmisten maailmaan.

Maahisten kerrotaan joskus myös pitävän huolta ihmisistä vastaavasti kuin haltiat rakennuksista:

> Kerran oli ollu kertojan äiti, Maija, pyhänä marjassa mettässä. Maahiainen oli huutanu: "Maija hoi, lapsi parkuu." Ko se tuli kotia, oli lapsi itkemässä.[144]

Jotkut ihmiset olivat maahisten kanssa oikein hyvissä väleissä. Esimerkiksi Inarin Elli (Elle) vietti joka vuosi kuukausia erämaassa, palasi lihavana ja puhtaana, mutta ei koskaan kertonut, missä oli ollut.[145]

Kansansatujen peikkoja ja jättiläisiä

Kansansaduissa esiintyvät peikot ja jättiläiset eivät aina paljonkaan eroa toisistaan. Usein kysymyksessä on jonkinlainen sankarin antagonisti, jota voidaan nimittää yhdellä kertaa nimittää jättiläiseksi, mutta saman sadun toisessa muistiinpanossa vastustajaksi voidaan mainita peikko, piru tai hiisi. Esimerkiksi sadussa, jossa sankari huijaa itselleen riidan kohteena olevat taikaesineet[146], maagisten esineiden omistuksesta kinastelijoina on toisinaan kolme jättiläistä, toisinaan kolme pirua. Myös monien pirusaduiksi määriteltyjen satujen eri toisinnoissa voidaan pirun sijaan puhua vaikka hiidestä tai vuorenpeikosta.

78

Yliluonnollisilla olennoilla, kuten jättiläisillä, on tavallisesti hallussaan erilaisia taikaesineitä, joita sankari voi saada haltuunsa huijaamalla, palkaksi työteosta tai joskus pelkästään pyytämälläkin. Joskus sankari myös osuu auttamaan tällaista olentoa. Autiolle saarelle jätetty poika sattuu pelastamaan lapsen lohikäärmeeltä tai muulta ohikulkevalta (pahalta) olennolta. Lapsi ei ole tavallinen pikkupoika, vaan jättiläisen, pirun tai peikon poika, joka pystyy taikavoimillaan viemään molemmat saarelta. Lapsi vie pojan kotiinsa, jossa lapsen pelastaja palkitaan taikaesineillä. Nämä esineet taas auttavat häntä saamaan omakseen tytön, jonka vuoksi hän on alun perin joutunut autiolle saarelle.[147]

Jättiläiset ovat saduissa tavallisesti vaarallisia ja pelottavia, usein ne pyrkivät syömään tapaamansa ihmiset, mutta sankari ne kuitenkin tavalla tai toisella voittaa. Kristilliseen piruun vertautuvat sellaiset jättiläiset, jotka kotiin palatessaan nuuhkivat, haiseeko jossain kristityn veri.[148] Tällöinkin jättiläinen mielellään söisi kristityn, jos vain löytäisi. Vaikka jättiläiset eivät aina toimikaan vihamielisesti, ne tulkitaan silti yleensä sellaisiksi olennoiksi, jotka sankari voi empimättä surmata, jos se on hänelle edullista. Saduissa esiintyviä jättiläisiä nimitetään toisinaan myös kalevanpojiksi. – Pohjoisen maahistarinat on usein merkitty uskomustarinoiksi.

Fantasian peikkoja, maahisia ja jättiläisiä

Peikot näyttävät olevan suomalaisten mielikuvitusmaailmojen suosikkeja. Satujen peikot voivat olla pelottavia pimeyden olentoja tai lystikkäitä ja hiukan tyhmiä metsän asukkaita. Tunnettuja ja rakastettuja peikkoja ovat Tove Janssonin Muumipeikko ja Yrjö Kokon Pessi. Suosittu uudempi peikko on myös Allu Tuppuraisen esittämä Rölli-peikko. Yleisradion vuonna 2006 järjestämässä äänestyksessä Rölli valittiin suosituimmaksi satusuomalaiseksi; loppukilpailussa se ohitti mm. mukana olleet Väinämöisen, Antero Rokan ja Star Wreckin kapteeni Pirkin. Johanna Sinisalon peikkokertomus *Ennen päivänlaskua ei voi* (2000) on palkittu moneen kertaan sekä Suomessa että ulkomailla. Uudemmasta peikkofantasiasta voi mainita Katariina Katlan sarjakuva *Metsänpeikot* (2007), jonka eroottiset peikkomiehet ovat saaneet vaikutteita Johanna Sinisalon peikosta.

Peikkovaihdokas-motiivi esiintyy myös fantasian ulkopuolella Aino-Inkeri Kumaran nuortenromaanissa *Ulla peikkotyttö* (1956). Teoksessa kiusatun tytön isosisko vakuuttaa muistavansa, miten ruma peikko toi Ullan vauvana punaiseen huiviin käärittynä. Siskon väitteen mukaan todisteena tästä on ullakolla vieläkin tallessa vanha punainen huivi. Hän kertoo, että vanhemmat ottivat peikkolapsen kotiinsa hyvin vastahakoisesti, mutta suostuivat lopulta, kun saivat peikolta rahaa. Itsensä erilaiseksi, hylätyksi ja yksinäiseksi tunteva Ulla miettii, voisiko hän todellisuudessa olla peikkolapsi, niin kuin kiusaajat väittävät. Ajatus on pelottava, mutta tuo lohdutustakin: ehkä Ulla voisi löytää metsästä peikkosukulaisia, jotka välittäisivät hänestä.

80

Anni Swan ja peikot

Anni Swan (1875–1958) kirjoitti monia lumoavia fantasiasatuja. Lisäksi hän kirjoitti useita tyttö- ja poikakirjoja, suomensi lasten- ja nuortenkirjallisuutta sekä toimitti lastenlehtiä (*Pääskynen* ja *Sirkka*). Anni Swanin mukaan on nimetty vuodesta 1961 lähtien korkeatasoiselle kotimaiselle lasten- tai nuortenkirjalle myönnettävä Anni Swan -mitali.

Anni Swanin 1920- ja 30-luvulla kirjoitetuissa saduissa esiintyy runsaasti peikkoja, jotka ovat eräänlaisina paholaisolentoina vastakohtia kristityille ihmisille. Toisinaan lapsi voi jopa pelastua peikkojen vallasta tullessaan kastetuksi, kuten sadussa "Silkinhieno ja peikot". Kastettujakin ihmisiä peikot yrittävät silti ryöstää mukaansa. Esimerkiksi sadussa "Ihmekukka" metsähiisi tarttuu metsässä nukkuvan nuoren pojan jalkaan ja yrittää vetää tätä luolaansa, mutta poika pääsee pakenemaan. Kuitenkin jo peikon kosketuksen vuoksi pojan jalat muuttuvat sorkiksi.

Peikot elävät metsissä luolissa sekä vuorten ja kallioiden sisällä. Ihmistyttö päätyy peikon puolisoksi saduissa "Silkinhieno ja peikot" sekä "Vuorenkuninkaan poika". Sadussa "Silkinhieno ja peikot" nuori tyttö, Sorja, kulkee liian kauas metsään ja joutuu peikkojen valtaan. Hän päätyy puolisoksi peikolle, joka on vauvana ollut seitsemän päivää ihmisten luona vaihdokkaana ja kuultuaan ihmisten kehtolauluja tuntee outoa kaipausta. "Vuorenkuninkaan poika" -sadussa paimentyttö tapaa ihmisten maailmassa käyvän vuoren prinssin ja menee omasta halustaan prinssin puolisoksi tämän palatessa valtakuntaansa. Molemmissa saduissa puoliso osoittautuu kuitenkin tylyksi ja kylmäksi, mutta "Sorja ymmärsi, että niin täytyy olla – peikon rinnassa ei syki hellä ihmissydän."[149] Vuorenkuninkaan puolisoksi päätynyt paimentyttö ajetaan lopulta pois vuoresta, ettei ihmisäidin hellyys kasvata kivisydämisen vuorenkuninkaan pikku poikaa väärään suuntaan – ihmiseksi.

Peikot liikkuvat iltasin ja öisin, sillä ne rakastavat pimeää ja kammoavat auringonpaistetta. Kun paimentytön ja vuorenkuninkaan poika on palaamassa äitinsä luota vuoreen, hän myöhästyy, ja aurinko ehtii nousta. Vuoreen johtava kiviportti häviää, näkyy vain kallionseinä. Samalla poika unohtaa menneisyytensä vuoren sisällä ja jää ihmisenä asumaan äitinsä luokse. Myös nuoria tyttöjä kamarineidoikseen ryöstelevä Syöjätär peikkoalamaisineen kammoaa maagisesta lippaasta vapautuvia auringonsäteitä sadussa "Veli ja sisar". Syöjätär peikkoineen pakenee tyystin maan päältä ja jättää vapautuvien lasten löydettäväksi myös aarteensa.

Suosittuja suomalaispeikkoja

Peikot ovat Suomessa olleet yleisiä uskomusolentoina ja ne ovat kuuluneet jo pitkään myös suosituimpiin fantasiahahmoihin. Jo 1940-luvulla syntyneitä sekä lasten että aikuisten rakastamia suomalaispeikkoja ovat Pessi ja Muumi. Yrjö Kokko (1903–1977) kirjoitti jatkosodan aikana sadun luonnosta, peikosta ja keijukaisesta. Taivaalla asuva keijukainen Illusia pujahtaa salaa sateenkaarelta katsomaan maanpäällistä elämää ja kohtaa peikko Pessin, joka näyttää keijulle metsän ihmeitä. Illusian on ollut tarkoitus palata kotiinsa, mutta kun Ristilukki puree poikki Illusian siivet, tämän on jäätävä maan päälle. Kokon *Pessi ja Illusia* ilmestyi ensimmäisen kerran vuonna 1944, mutta siitä on otettu useita uusia painoksia erilaisin kuvituksin.

Maailmalla tunnetuin suomalainen peikko on epäilemättä Tove Janssonin (1914–2001) luoma Muumipeikko, joka asuu vanhempiensa kanssa omassa talossaan rauhallisessa Muumilaaksossa. Ensimmäinen muumikirja *Småtrollen och den stora översvämningen* ilmestyi vuonna 1945. Kustantaja halusi käyttää kirjan nimessä sanaa "pikkupeikot", mutta päähenkilönä oli Janssonin jo aikaisemmin pilapiirroksissaan käyttämä Muumipeikko.[150] Janssonin muumiteoksissa kuvituksella on hyvin suurin osuus, olihan Jansson nimenomaan kuvataiteilija, ja Jansson tekikin kolmenlaisia muumikirjoja: kuvitettuja kertomuksia, kuvakirjoja sekä sarjakuvia.[151] Muumitarinoita on käännetty kymmenille kielille, erityisesti Japanissa muumit ovat tavattoman suosittuja ja siellä niistä on tehty uusia piirrossarjoja.

Kokon Pessi ja Illusia sai alkunsa lapsille kirjoitetusta joulusadusta, mutta koko kertomus oli alun perin tarkoitettu myös aikuisille lukijoille. Alkuperäinen satu sijoittuu selvästi sota-aikaan ja antaa vaikutelman, että Pessi ja Illusia olisivat asuneet metsässä lähellä kapteeni Kokon korsua, kuulleet taistelujen melskettä ja itsekin nähneet sodan tuhoja. Kertomuksessa on mukana myös sadunulkoisia viittauksia sotatapahtumiin. Kirjailija muokkasi myöhemmin teoksesta lasten version, joka ilmestyi vuonna 1963. Myös muumikirjoissa näkyvät ajankohtaiset asiat, esimerkiksi juuri sota, varsinkin teoksessa *Kometjakten* (1946). Jansson on muokannut monia teoksiaan siten, että niistä on olemassa useita hieman

erilaisia versioita. Hän ei kuitenkaan ole tehnyt teoksista erillisiä lasten-
ja aikuistenkirjoja, vaan useimmissa muumitarinoissa on mukana sekä
lasten että aikuisten taso.

Metsässä asuva Pessi on pessimistien sukua, valpas, arka ja epäluuloi-
nen. Illusia puolestaan kuuluu haaveilijoiden sukuun, jossa odotetaan
iloisia yllätyksiä ja nähdään kaikessa hyvää. Yhdessä he tasapainottavat
toisiaan ja kuvaavat ihmisyyden kahta puolta – lopulta syntyykin ihmi-
nen. Muumit taas muistuttavat myönteisellä elämänasenteellaan parem-
minkin Illusiaa. Muumipeikko asuu vanhempineen idyllisessä laaksossa,
jonne jokainen tulija toivotetaan epäröimättä tervetulleeksi. Vaikka
muumit kohtaavat myös vaaroja ja ikäviä asioita, muumien maailma on
pohjimmiltaan hyvä ja ystävällinen. Muumit ovat poikkeuksia peikkojen
joukossa myös siinä mielessä, että ne eivät asu luolissa ja sentapaisissa
paikoissa metsässä, vaan oikeassa talossa Muumilaaksossa.

Johanna Sinisalon viettelevä peikko

Johanna Sinisalo tuli tunnetuksi fantasia- ja scifi-harrastajien piirissä
vuonna 1985, jolloin häneltä ilmestyi seitsemän novellia useissa eri scifi-
lehdissä. Sinisalo on voittanut novelleillaan lukuisia palkintoja, mm. seit-
semän Atorox-palkintoa.[152] Vuonna 2000 ilmestynyt *Ennen päivänlaskua
ei voi* on Sinisalon esikoisromaani. Se palkittiin Finlandia-palkinnolla,
joka on Suomen suurin ja arvostetuin kirjallisuuspalkinto. Teoksen eng-
lanninkieliselle käännökselle *Troll – A Love Story* (2004) myönnettiin

84

amerikkalainen James Tiptree, Jr. -palkinto vuonna 2005. Teos on käännetty jo ainakin kymmenelle kielelle, mm. venäjäksi, tšekiksi ja japaniksi.

Sinisalon teoksessa nuori valokuvaaja Mikael löytää kotitalonsa takapihalta pahoinpidellyn peikonpoikasen ja vie sen asuntoonsa. Mikael nimeää löytämänsä peikon Pessiksi, mikä liittyy Yrjö Kokon satuun Pessistä ja Illusiasta. Teos sisältää myös lainauksia Reino Helismaan iskelmästä *Päivänsäde ja menninkäinen*. Näissä peikon kumppaneina esiintyvät keiju ja päivänsäde, joiden joukkoon sopii hyvin kaunis vaaleahiuksinen nuori mies, jonka lempinimi on Enkeli. Mikael rinnastuu siten peikon parina keijuun; englannin sana "fairy" merkitsee sekä keijukaista että homomiestä.[153]

Mikael ihastuu peikkoon heti nähdessään avuttoman poikasen ensimmäistä kertaa: "Se on kauneinta mitä olen koskaan nähnyt. Tiedän heti että haluan sen."[154] Hän kiintyy Pessiin yhä enemmän ja pian nuori peikko on hänen elämänsä keskipiste. Hän on kuitenkin huolissaan, koska peikko ei syö ja se vaikuttaa sairaalta. Hän yrittää selvittää, miten pientä peikkoa pitäisi hoitaa ja millaista ruokaa sille pitäisi antaa. Mikael etsii tietoja peikoista internetistä, vanhoista kirjoista ja kyselemällä vaivihkaa eläinlääkäri-ystävältään, mutta joutuu samalla salailemaan peikon olemassaoloa, sillä suurpedon – edes poikasen – pitäminen kerrostaloasunnossa ei tietenkään ole luvallista.

Kerronnan tasolla lukijalle luodaan illuusio peikkojen olemassaolosta näennäisten aitojen tekstilainausten avulla. Teoksessa esiintyvät aidot ja keksityt viittaukset muihin teoksiin vakuuttavat lukijaa siitä, että peikko

85

on aina kuulunut Suomen eläimistöön, vaikka onkin hyvin harvinainen eläinlaji. Viitteiden tehtävänä on uskottavuuden lisäksi myös kuvailla peikkoja ja tarjota niistä tietoja.[155] Peikko kuvataan kissa-apinoihin kuuluvana petona, joka liikkuu kahdella jalalla ja on täysikasvuisena aikuisen ihmisen kokoinen. Lähdetietojen mukaan peikot ovat arkoja, ne nukkuvat talviunta saavuttamattomissa piiloissaan ja pystyvät liikkumaan metsässä lähes äänettömästi, minkä vuoksi niiden elintavat tunnetaan huonosti. Tunnetut tiedot peikoista osoittautuvat kuitenkin vähäisiksi ja hajanaisiksi. Mikael pystyy jo omien havaintojensa pohjalta toteamaan, että jotkut peikkoja koskevista julkisista käsityksistä ovat virheellisiä.[156]

Peikonpoikanen on Mikaelille aluksi selvästi eläin, erikoinen ja viehättävä lemmikki. Vähitellen Mikaelin ja Pessin suhde muuttuu ihmisen ja eläimen suhteesta erikoislaatuiseksi kumppanuudeksi. Kun vieras nuori mies tulee Mikaelin asuntoon tämän unohtamilla avaimilla, peikko puolustaa reviiriään äärimmäisellä tavalla. Mikaelin on paettava virkavaltaa sekä itsensä mutta ennen kaikkea Pessin takia. Kertomus päättyy peikkojen luolan suuaukolle, josta Mikael ja Pessi ovat astumassa sisään. Mitä sitten tapahtuu, jää lukijan pohdittavaksi. Ainakin on selvää, etteivät peikot ole mitään aivan tavallisia eläimiä.

Maahistyttöjä ihmisten maailmassa

Jostakin syystä fantasian peikot näyttävät usein olevan poikia tai miespuolisia, mutta ihmisten kanssa tekemisissä olevat maahiset ovatkin puolestaan tyttöjä. Annikki Setälän teoksessa *Pikkunoita* (1959)

86

maahistyttö vaihtaa osia lapinpojan kanssa. Pikkunoita on gufitar ja osaa muuttaa itsensä minkälaiseksi tahansa. Lapinpoika Uula puolestaan on utelias näkemään maanalaisen gufitarten maailman. He sopivat, että Pikkunoita vie Uulan gufitarten taloon ja menee itse asumaan lapintaloon Uulana. Uulan vanhemmat ihmettelevät välillä lastaan, joka tulee niin hyvin toimeen eläinten kanssa, että päästää kalatkin verkosta takaisin veteen. Sillä aikaa Uula paimentaa gufitarten lehmiä ja poroja ja asuu gufitarten komeassa maanalaisessa talossa. Molemmat lapset viihtyvät hyvin ja oppivat paljon, mutta palaavat lopulta omiin koteihinsa.

Else Lassilan *Hyväntuulenlaakso* (1995) sijaitsee maan alla. Sen asukkaat ovat melko tavalla ihmisten näköisiä, vaikka heillä on hännät ja sateenkaarenvärinen tukka. Laakson asukkaat toimivat sovussa ja yhteisymmärryksessä viljellen maata, kalastellen, leipoen ja leikkien. He ovat tyytyväisiä ja onnellisia. He tietävät, että maan pinnalla asuu ihmisiä, mutta eivät halua olla näiden kanssa kosketuksissa, koska tietävät olevansa alttiita ihmisvaikutuksille. Aikaisemmin tapahtunut tapaaminen ihmisten kanssa on jo hävittänyt heidän alkuperäisen kielensä. Seikkailunhaluinen Kitja-tyttö lähtee varoituksista huolimatta salaisesta laaksosta nähdäkseen ihmisiä. Hän tapaa Janne-nimisen pojan, joka vie hänet kotiinsa. Kitja asuu jonkin aikaa ihmisten luona ihmetellen ihmisten tapoja.

Eija Laitisen ja Anne Leinosen nuortenromaanissa *Saga* (2003) 17-vuotias suomalaispoika Kasper osallistuu television järjestämään selviytymispeliin, joka kuvataan Islannissa. Kilpailijat kuljetetaan sopiville paikoille, jossa heitä kuvataan suorittamassa erilaisia tehtäviä, ja kunkin jakson jälkeen yleisö kotimaassa äänestää suosikkiaan.

Ostoskeskuksessa Kasper näkee itkevän pikkutytön nukkavieruissa harmaissa vaatteissa. Tyttö kertoo olevansa Saga ja etsivänsä siskoaan, joten Kasper auttaa tyttöä tämän siskon etsimisessä. Myöhemmin Kasper tajuaa tytön olevan maahisen. Kasper näkee tytön myöhemminkin ja myös muuta islantilaista piiloväkeä, jotka liikkuvat samoilla paikoilla kuin ihmisetkin. Kasper näkee ne ja kuulee niiden puheen, mutta kaikki ihmiset eivät havaitse niitä lainkaan. Välillä Kasper ei itsekään ole aivan varma, onko hän nähnyt jotain vai vain kuvitellut. Kahdeksankymmenvuotias islantilainen vuokraisäntä varoittelee Kasperia olemasta missään tekemisissä maahisten kanssa: "Maahiset saattavat vaikuttaa viattomilta, mutta ovat vaarallisia."[157]

Fantasian jättiläisiä

Jättiläisiä esiintyy toisinaan taidesaduissa. Useimmiten jättiläiset esiintyvät nimettöminä toimijoina, joiden määrittelyksi riittää, että kysymyksessä on jättiläinen. Esimerkiksi Oscar Wilden sadussa "Itsekäs jättiläinen" nimetön jättiläinen aitaa puutarhansa, jossa lasten on ollut tapana leikkiä jättiläisen poissa ollessa. Lapsilla ei ole enää leikkipaikkaa, mutta jättiläisen puutarhassa on ikuinen talvi, kunnes lapset pääsevät takaisin.

Fantasiassa jättiläiset esiintyvät tavallisesti ihmisille vihamielisinä. Koska ne ovat jättiläisiä, ne ovat ihmistä suurempia ja näin myös voimakkaampia. C. S. Lewisin *Narnia*-sarjan neljännessä osassa *Hopeinen tuoli* ihmislapset Jill Pölkky ja Eustace Ruikku sekä suistokainen Rapanhapakko joutuvat sattumalta jättiläisten luokse. Nämä vaikuttavat ystävällisiltä ja näyttävät olevan huvittuneita pienistä ihmisolennoista, jotka uskovat olevansa heidän vieraanaan. Kun lapset löytävät ruokaohjeita, joiden pääraaka-aine on ihminen, he ymmärtävät, että heidät on tarkoitus lopulta syödä, ja he pakenevat jättiläisten talosta.

J. K. Rowlingin *Harry Potter* -kirjoissa esiintyvä Hagrid on äidin puolelta jättiläinen. Hagrid on

pituudeltaan melkein kaksinkertainen tavalliseen mieheen verrattuna ja leveydeltään ainakin viisinkertainen. Hän näytti kaikin puolin liian isolta ollakseen olemassa ja samalla hurjan kesyttömältä – pitkät tuuheat takut mustaa tukkaa ja partaa peittivät hänen kasvonsa melkein kokonaan, hänen kätensä olivat roskapöntön kannen kokoiset ja hänen jalkansa nahkasaappaissa kuin delfiininpoikaset.[158]

Hagrid on kuitenkin ehdottomasti "hyvien puolella" ja hänestä tulee Harry Potterin hyvä ystävä. Myöhemmin Hagrid käy jättiläisten luona pyrkimyksenään saada jättiläisistä liittolaisia pahaa velhoa vastaan. Jättiläiset eivät ole kiinnostuneita velhojen ongelmista, mutta Hagrid tuo mukanaan heistä yhden, velipuolensa Ruaahin.

Toisin kuin Hagrid, joka näytti ylikokoiselta ihmiseltä, Ruaah näytti omituisesti epämuotoiselta. Se, mitä Harry oli luullut valtavaksi sammaleiseksi kivenjärkäleeksi metsäkummun vieressä osoittautui Ruaahin pääksi. Se oli suhteessa ruumiiseen paljon isompi kuin ihmisen pää, ja se oli lähes täydellisen pyöreä ja kokonaan tiuhan ja kähärän sanajalanvihreän hiuksen peitossa. [---] Näytti kuin sen piirteet olisi hakattu isoon kivipalloon. Nenä oli littana ja muodoton, suu vino ja täynnä tiilenpuolikkaan kokoisia epämuotoisia keltaisia hampaita, jättiläisten mittapuun mukaan pienet silmät olivat sameat vihertävänruskeat ja unen jäljiltä muurautuneet melkein umpeen.[159]

Hagrid ottaa Ruaahin mukaansa, koska hänen mielestään muut jättiläiset kohtelivat tätä huonosti. Ruaah ei kuitenkaan oikein ymmärrä, miksi se kuljetetaan pois tutuilta kotiseuduiltaan. Se ei juurikaan ymmärrä ihmiskieltä eikä osaa sitä puhua. Ruaah käyttäytyy kuin pikkulapsi tai eläin, mutta kiintyy Hagridiin ja oppii puhumaankin muutaman sanan.

III Eläviä kuolleita

Suomalaisissa uskomustarinoiden vainajaolennot ovat tavallisimmin erilaisia kummittelijoita, joilla on toiminnalleen jokin niiden elämästä tai kuolintavasta lähtöisin oleva syy. Kansansaduissa vainajat esiintyvät usein sankarin auttajina, usein kysymyksessä ovat päähenkilön kuolleet vanhemmat. Fantasiakirjallisuudessa elävinä vainajina esiintyvät kummitusten lisäksi vampyyrit, harvemmin myös enkelit. Varsinkin elokuvissa päähenkilöitä voivat ahdistella myös zombit ja henkiin heräävät muumiot. Kummitukset ja vampyyrit sen sijaan voivat nykyfantasiassa olla myös hyvin ystävällisiä.

Aikanaan J. R. R. Tolkien esitti fantasian kuvastavan ihmisen perimmäisiä toiveita ja haluja, joista suurimpana hän piti pakoa kuolemasta.[160] Pako kuolemasta voi merkitä ikuista elämää, mutta usein fantasiassa se merkitsee toista elämää kuoleman jälkeen. Ikuisen elämän toiveeseen liittyy kuolemanpelon lisäksi myös vanhenemisen pelko. Ajatus, että elää ikuisesti mutta vanhenee, tulkitaan paremminkin kiroukseksi kuin siunaukseksi ja toive ikuisesta elämästä merkitseekin käytännössä yleensä haavetta ikuisesta nuoruudesta.

Uskomustarinoiden vainajaolennot

Suomalaisen Kirjallisuuden Seuran kansanrunousarkiston vanhemmasta uskomustarina-aineistosta vuosilta 1850–1950 noin 19 % liittyy kuolemaan ja vainajiin, ja vuosien 1958 ja 1961 keräyksissä kootusta materiaalista peräti neljäsosa kuuluu tähän aihepiiriin.[161] Mielenkiinto kuolemaan ja vainajaolentoihin näyttää siis uskomusaineistossa selvästi lisääntyneen.

Kuolemaa nimitetään joskus viikatemieheksi, ikään kuin kuolema olisi olento, joka viikatteeniskullaan katkaisee elämän. Uskomustarinoissa ei varsinaisesti kerrota henkilöidystä kuolemasta, mutta kansanrunoudesta löytyy tähän viittaavia tekstejä, esimerkiksi mainitaan Tuonen tyttäret tai Manan neiet. Kun kansanrunossa surraan kuolemaa, voidaan toivoa samanlaista surua Tuonen kotiin:

Tuonen tyttö musta tukka,
Man(n)alan mat(t)ala neito,

Oho mie Tuonena olisin
Tali[!] Tuonen tyttärenä,
Itkettäisin Tuonen lapset,
Niinkuin Tuoni meiän lapset,
Hirnuttaisin Tuonen ruunat,
Niinkuin Tuoni meiän ruunat ---[162]

Suomalaisissa uskomuksissa vainajiin ja kaikkeen, mikä on ollut kosketuksissa ruumiin kanssa, on liittynyt erityistä yliluonnollista voimaa. Vainajien ja näkymättömien näkijäksi kerrotaan tulevan esimerkiksi silloin, jos ruumiinpesuvedellä pesee kasvonsa, pyyhkii silmänsä kuolleen vaatekappaleella tai käy pitkäkseen ruumiin vuoteeseen.[163]

Kirkonväki

Suomalaisessa uskomusperinteessä *kirkonväki (kalmanväki, kirkko-maanväki, hautausmaanväki)* on merkinnyt toisaalta vainajiin tai kirkkoon liittyvää voimaa, toisaalta tunnettujen tai tuntemattomien vainajien joukkoa. Voimana kirkonväkeä on käytetty taikuudessa, se on myös voinut aiheuttaa itsekseen esimerkiksi sairastumisen. Kirkonväkeä vainajien joukkona on nähty hautausmaan asukkaina tai muualla esimerkiksi kuoleman enteenä.[164]

Kirkonväen merkitykset voimana ja vainajina voivat esiintyä yhdessä ja toisiinsa sekoittuneina, mikä näkyy erityisesti siinä, että kirkonväellä on voitu tarkoittaa myös hautausmaalta taikatarkoituksiin otettua multaa. Tietäjän pulloon keräämässä hautausmaan mullassa kerrotaan voivan päivänpaisteella jopa nähdä pieniä olentoja, haamuja.[165]

Kerrotaan, että erityisen vahvaa väkeä sai,

> jos tiesi, missä oli velhon ruumis jo kauan lahonneena, ja sitä multaa kaivoi, heittäen hopearahan lunastukseksi. Kun mullan kera tuli kirkkomaan aituuksesta ulos, ilmaantui ympärille aivan näkyväisellä muodolla lukematon joukko väkiä, jotka sitten seurasivat ja joita sai käskeä kuin ainakin palvelijoita.[166]

Kirkonväen kutsumiseen oli monia syitä, yleisimpien joukossa oli varkaan tavoittaminen. Kun noita lähetti kirkonväen kiusaamaan varasta, tämä ei saanut rauhaa ennen kuin palautti anastamansa tavaran. Joskus jo pelkkä kirkonväellä uhkaaminen auttoi. Eräässä tarinassa kerrotaan, miten 1800-luvulla Pohjanmaalla pari kulkijaa oli poikennut sellaiseen taloon, josta oli äskettäin varastettu. Kulkumiehet eivät tunteneet mitään taikakonsteja, mutta yösijan toivossa yksi heistä oli luvannut nostaa varkaan päälle kirkonväen. Varas toi säikähdyksissään varastamansa tavaran takaisin. Kiitollinen talon väki halusi palkita kulkijat, jotka kuitenkin yrittivät noloina livahtaa tiehensä.[167]

Joskus saatettiin nostaa aivan tietty vainaja määrättyä tarkoitusta varten. Hankasalmella on kerrottu, miten eräs leskirovasti aikoi ottaa uuden vaimon, mutta hänen lapsensa olivat sitä vastaan. Vanhin poika nosti hautuumaalta ruustinna-vainajan, joka tuli entiseen kotiinsa keinutuoliin istumaan.[168] Toisen tarinan mukaan papin entinen vaimo tuli itse hautausmaalta pelottelemaan jo vihittyä uutta vaimoa.[169]

Nostettu vainaja tottelee nostajaansa, vaikka toiminta olisi kuinka kyseenalaista. Kirkonväkeä saatettiin esimerkiksi laittaa sammakkona tai käärmeenä aittaan avaamaan varkaille ovia. Kerrotaan myös, että

> Pösöön Tuomas oli suuri noita, mutta samalla juoppo ja varaas. Hän meni muiden kanssa varastamaan Alavuden kirkkoon. He panivat yhden joukostaan uhriksi hautaan, ja Tuomas luki siunauksen: "Viimeisenä päivä sun on sieltä ylös noustava." Varastivat kirkosta, mutta eivät saaneet uhria haudasta ylös, kun olivat lukeneet väärän siunauksen. Olisi pitänyt sanoa "Ensimmäisenä päivänä". Pösöön Tuomas herätti vanhalta kirkkomaalta rovastivainaan ja talutti haudalle. Rovasti peruutti väärän siunauksen ja uhri saatiin ylös. Tuomas talutti rovasti takaisin hautaansa.[170]

Kirkon omaisuus oli yliluonnollisen suojeluksessa, joten kirkosta varastaminen oli vaikeampaa kuin varastaminen jostakin muualta. Uhrin panemisella varkaat saivat tavallaan luvan toimilleen, mutta tarkoitus oli tietenkin saada "uhri" mukaan varkauden jälkeen. Kirkollisilla sanoilla on kuitenkin niin mahtava voima, että väärin lausuttu siunaus vangitsi uhrin hautaan. Sen lisäksi, että vainajilla on nähty olevan yliluonnollista voimaa, sitä on ollut papiston edustajilla sekä elävinä että kuolleina. Rovastivainajalle ei väärän siunauksen peruuttaminen ole ongelma. Kun vainaja on nostettu asianmukaisesti, hän tekee, mitä nostaja käskee. Rovastikaan ei esitä valitusta kirkosta varastamisesta, vaan hoitaa sen tehtävän, jonka nostaja hänelle on antanut.

Kirkonväkeä saatettiin kutsua auttamaan monenlaisissa töissä, joskus tosissaan mutta usein myös leikillä tai vahingossakin. Nurmeksessa kerrotaan tapahtuneen, että eräs mies nostatusloitsun kuultuaan meni itse kokeilemaan vainajien nostamista. Hänen kerrotaan kolistelleen ruumishuoneen ovea tai kellotapulin nurkkia ja lausuneen mahtisanat, jolloin vainajat olivat alkaneet joukolla nousta haudoistaan. Mies säikähti ja lähti veneellä pakoon, mutta vene alkoi painaa niin, että hänen oli palattava takaisin. Hän ei osannut itse palauttaa väkeä hautausmaalle, vaan takaisin lähettämiseen tarvittiin apua kokeneelta vainajien käsittelijältä.[171] Pilkaten tai kokeilemisen vuoksi ei kirkonväkeä sopinut nostaa. Turhan vuoksi herätetyn kirkonväen on kerrottu ahdistelevan kutsujaansa, kunnes ne on saatu palautetuksi takaisin. Monissa tarinoissa kerrotaan, miten hautausmaan ohi kulkeva humalainen huutelee "tulkaa homenokatkin tupakalle" tai "nouskaa kaikki katsomaan hyvää hevosta", jolloin hautausmaalta alkaa nousta vainajia, jotka lähtevään uhkaavina huutelijan perään. Tämä pelastuu, kun pääsee toisen pitäjän alueelle, ristiinkynnetylle pellolle tai kun kukko laulaa.

Suomessa on tunnettu myös tarina jouluyönä kirkkoon kokoontuvista vainajista, joiden joukkoon elävä ihminen vahingossa menee. Usein joku tuttu vainaja käskee hänen lähteä nopeasti pois ja neuvoo pudottamaan huivinsa tai takkinsa mennessään. Seuraavana aamuna vaate löytyy kirkosta riekaleiksi revittynä. Kauhu- tai varoitustarinana kerrottu tarina on tunnettu Euroopassa laajalti ja se on esiintynyt kirjallisessa muodossakin jo 500-luvulla Saksassa.[172]

Kirkonväestä on käytetty hyvin monenlaisia nimityksiä, joista osa voi liittyä myös muihin uskomusolentoihin tai merkitä yleisemmin jotain yliluonnollista. Erityisesti kummittelun aiheuttajana kirkonväestä on käytetty nimitystä *piru* ja myös *hiidenväki* on erityisesti Satakunnassa käyttäytynyt kirkonväen tavoin. Pohjois-Suomessa on puhuttu myös *manalaisista* tai *manhoista*, jotka ovat merkinneet suunnilleen samaa kuin kirkonväki. Toisinaan pohjoisen tarinoissa manalaiset ovat sekoittuneet maahisiin, ja esimerkiksi saarnaajana Lars Levi Laestadius lienee tarkoituksellisesti yhdistänyt näiden ominaisuuksia esittäessään maahisia ja kufittaria kristinuskon vastavoimiksi.[173]

Pieniä, vainajiin liittyviä olentoja on nimitetty myös *kööpeleiksi, hittusiksi, liikaväeksi* tai *liikulaisiksi, päättömiksi, tyhjiksi* tai *tyhjäläisiksi* taikka *pikku-ukoiksi*. Osa nimityksiä on hyvin paikallisia, osa laajemmin tunnettuja. Joillakin näistä on myös muita merkityksiä, esimerkiksi kööpeli on voinut olla ruma ihminen, piru, jättiläinen tai peikkokin. Pikku-ukot liitetään nykypäivänä erityisesti juopotteluun, mutta uskomusperinteessä pikku-ukot tai pieni väki ovat voineet kiusata muutenkin pakottaen uhrinsa tekemään jotain epämukavaa tai typerää.[174] Nostettuja

96

vainajia ja kirkonväkeä on satunnaisesti nimitetty myös *homesnoukiksi*, *riettaiksi* tai tontuiksikin.

Fantasian kannalta mielenkiintoisia ovat sellaiset kirkonväestä käytetyt nimitykset kuin *männingäiset* sekä *keijuset*, kuuluvathan menninkäiset ja keijut satujen ja fantasian keskeisaineksiin. Männingäiset (*männinkäiset, menninkäiset, mönninkäiset, mänkiäiset, männykäiset, mämminkäiset, mänkäläiset*) voivat merkitä kirkonväkeä ja satunnaisesti myös joitakin muita yliluonnollisia olentoja piruja myöten, mutta myös yleisesti tarkemmin määrittelemättömiä yliluonnollisiksi todettuja toimijoita. Männingäisiksi on paikoin nimitetty myös hyönteisiä, erityisesti kaarnakuoriaisia, ja Pohjois-Karjalasta on tieto männingäisestä karhun kiertoilmauksena. Lisäksi sanaa on käytetty kuvaamaan pahantapaista tai pahamaineista henkilöä.[175]

Christfrid Ganander on vuonna 1789 kertonut *kejjusilla* eli *kejjungaisilla* tarkoitetun kalmanhajuisia vainajaolentoja, joita hyvällä mielikuvituksella tai paloviinan vaikutuksesta voi nähdä hautausmailla tai ruumissaatoissa lumihiutaleiden, pikkulasten nukkien tai tulijuovien muotoisina.[176] Esimerkiksi erään tarinan mukaan keijukaiset olivat ahdistelleet kertojan äitiä, joka oli synnytyksen jälkeen vielä kirkottamatta. Kertoja on selvästi tuntenut nykyisetkin keijukaiset, joihin hän vertaa äitinsä kertomusta:

> Ei ne keijukaiset mitään hempeitä olentoja olleet, äiti sanoi, että ne ovat kuin nylettyjä oravan raatoja ja ne lensivät ilmassa. Ei niillä hyvää tarkoitusta ollut, ne olivat pirun sukulaisia.[177]

97

Keijukaiset (keijuset, keijulaiset, keikkaat) voivat olla kirkonväkeä, mutta merkitsevät myös muita hentoja, kevyesti liikkuvia tai leijuvia yliluonnollisia olentoja tai – kuten männingäisetkin – toimivat yleisnimityksenä tarkemmin yksilöimättömälle yliluonnollisille.[178] Muualla maailmassa keijuihin liitettyjä motiiveja esiintyy Suomessa metsän- ja vedenhaltioista ja vuorenpeikoista kertovissa tarinoissa.[179]

Kotonakulkijat ja muut kummittelijat

Suomalaisissa uskomustarinoissa kerrotaan kotonakulkijoista, tutuista vainajista, jotka palaavat kuolemansa jälkeen kotitaloonsa tai sen lähipiiriin. Tällainen kotonakulkija voi yrittää korjata tai tunnustaa jotain eläessään tekemäänsä vääryyttä. Uskomustarinoiden mukaan tavallisimpia kuoleman yli vaivaavia rikoksia ovat rajan siirtäminen, väärän valan tekeminen ja väärien mittojen käyttäminen talon tuotteita myydessä.

> Muuan isäntä oli vajavalla kapalla myynyt viljaa, oli kapassa kaksi pohjaa. Aina oli sillä vain myynyt ihmisille viljaa.
>
> Tuli sitten kuoleman jälkeen isäntä kopistelemaan talliin. Renki oli kysynyt "Mitä sinä tahot?" Siihen oli vainaja vastannut: "Se pitää tuo välipohja kopistaa pois tuosta kapasta." Renki oli lyönyt koko kapan rikki. Ja isäntä vainaa oli hävinnyt.[180]

Uskomustarinoissa kotonakulkija voi myös etsiä jotakin omistamaansa tai vaatia täytettäväksi hänelle annettua lupausta. Erään tarinan mukaan emäntä oli kiukuissaan uhannut panna korttipeleistä pitävälle isännälle pelikortit arkkuun. Kuolemansa jälkeen isäntä liikuskeli kotona näyttäen etsivän jotain. Silloin emäntä muisti asian ja vei kortit vainajan pään alle ja kummittelu loppui siihen.[181] Myös tapaturmaisesti kuolleen, murhatun tai itsemurhaajan on mainittu kulkevan kotonaan, kunnes hänen "oikea" elinaikansa päättyy.[182]

Uskomustarinoissa varoitetaan myös kaipaamasta liikaa vainajaa. Tarinan mukaan nuorikko itki pian häiden jälkeen kuollutta miestään joka ilta, kunnes tämä tuli vihaisena kieltämään itkemisen, koska vaimon kyyneleet valuivat vetenä hänen päälleen ja hän joutui olemaan jatkuvasti märkänä.[183] Kerrotaan myös, että lastaan kovasti itkenyt äiti näki unessa, ettei lapsi ehtinyt tuonelassa lainkaan leikkiä muiden lasten kanssa, kun hänen piti koko ajan kerätä äitinsä kyynelpisaroita.[184]

Uskomusten mukaan kuolleen henki ei heti poistu elävien luota, vaan on jollakin tavoin läsnä ainakin hautajaisiin saakka.

Aitassa oli ruumis. Talon rengit ajoivat hevosilla myötään aitan sivu, hevosilla oli jos minkälaisia helyjä. Eräänä yönä kävi vainaja mies vaimolleen sanomassa: "Ottoo helyt hevosilta pois, ne häiritsee untani." Aamulla otettiin helyt pois.[185]

Eräässä talossa kuoli emäntä ja pidettiin hautajaiset. Kun tuli ilta ja kaikki vieraat olivat kokoontuneet illalliselle, näyttäytyi vainaja ruokapöydässä. Kertojan muistaman mukaan hän tuli ensiksi ottamaan ruokaa. Sitten hän hävisi näkymättömiin.[186]

Vainajan on ajateltu tietävän, miten ruumista on kohdeltu; epäkunnioittava suhtautuminen on voinut aiheuttaa loukkaajalle fyysisen sairauden tai jopa kuoleman. Puutteellisesti tai väärin suoritetut hautausmenot ovat uskomustarinoissa myös eräs mahdollinen kummittelun syy. Vainaja saattoi esimerkiksi tulla valittamaan sitä, että hänet oli haudattu likaisessa paidassa. Ennen hautausta ja hautajaisten yhteydessä piti sen vuoksi kaikin tavoin varmistaa, että vainaja pysyy tyytyväisenä eikä aiheuta ikävyyksiä eläville.[187]

Jos kotonakulkijan liikkumiselle on jokin selvä syy, kulkeminen lakkaa, kun asia korjataan. Joskus syy jää selittämättä ja kotonakulkija vain jatkaa sitä, mitä teki eläessään: rikas mies voidaan nähdä laskemassa rahojaan, saita isäntä kiertelemässä arvioimassa väelle tarjottavaa ruokaa tai ilkeän miehen kuullaan huiskivan piiskalla pitkin seiniä. Tällainen kulkeminen voi jatkua jonkin aikaa ja päättyä itsekseen. Häiritsevästi käyttäytyvää kotonakulkijaa voidaan myös estää palaamasta erilaisin keinoin, esimerkiksi laittamalla paluureitille jotakin (symboliseksi) esteeksi tai kääntämällä ruumis arkussa vatsalleen.

Muillakin kuin kotosalla liikkuvilla kummittelijoilla on usein jokin syy rauhattomuuteensa. Monissa tarinoissa kummittelun syyksi paljastuu, että kummittelija on murhattu ja haudattu kummittelupaikalle. Kummittelun syynä on tavallisesti halu päästä siunattuun maahan. Myös vuoden 1918 teloituspaikoilla on kuultu virrenveisuuta ja ammuttujen punaisten on kerrottu joskus myös näyttäytyneen teloittajilleen.[188]

Suomessa on myös runsaasti tarinoita ääntelevistä lapsivainajista, joiden ruumis on haudattu muualle kuin kirkkomaahan ilman siunaamista. Aviottoman lapsen synnyttäminen oli aikoinaan kutakuinkin pahinta, mitä naiselle saattoi tapahtua; sen jälkeen hänen maineensa oli ehdottomasti pilalla. Tämän vuoksi naimattomat naiset piilottivat raskautensa mahdollisimman pitkälle ja synnyttivät salassa. Tällöin lapsi usein syntyi kuolleena tai kuoli synnytyksessä, joskus äiti myös hädissään surmasi vastasyntyneen. Tällaisen kummittelijan ääni voi muistuttaa lapsen it-kua ja sitä voidaan kuulla esimerkiksi metsässä sillä paikalla, johon ruu-mis on kätketty.[189] Metsässä itkevää tai rääkyvää kummittelevaa vasta-syntynyttä on nimitetty hyvin monilla eri nimillä, joista tunnetuimmat ovat *äpärä, uloskannettu, heitto, ihtiriekko, lehtikelikko* ja *liekkiö*. Etenkin kolmella viimeisellä nimityksellä on ollut uskomusperinteessä myös muita merkityksiä.[190] Myös lapsivainajat kummittelivat, koska halusivat päästä siunattuun maahan. Erityisesti surmattuja lapsivainajia koske-vissa tarinoissa on usein mukana myös syyllisen, tavallisesti aviottoman äidin, paljastaminen.

Aina kummittelulle ei löydy mitään selkeää syytä. Selittämätöntä kum-mittelua voi tapahtua luonnossa tai rakennuksissa. Siihen voi liittyä jon-kinlainen kummitushahmo, mutta kummitteluksi voidaan myös tulkita oudot ilmiöt tai kummalliset äänet. Räyhähenkiä eli poltergeist-ilmiöitä pidetään toisinaan kummitteluna, toisinaan ne tulkitaan noitien tai pa-holaisen aikaansaannoksiksi.[191]

Vampyyrit

Vampyyrit ovat monien kansojen uskomusten mukaan vainajia, jotka liikkuvat ruumiillisina elävien joukossa, mutta vampyyria ei nosteta tai kutsuta, vaan vainajasta tulee vampyyri jostakin tietystä syystä, joka usein liittyy kuolintapaan tai hautaamiseen. Syyt vampyyriksi tuloon ovat vaihdelleet eri alueilla, samoin keinot vampyyrin löytämiseksi ja

101

tuhoamiseksi. Vampyyreista on kerrottu erityisesti Itä-Euroopassa, jossa vielä 1920-luvulla väitetään avatun hautoja vampyyrien tuhoamiseksi, mutta erilaisiin vampyyrintapaisiin olentoihin liittyviä uskomuksia on tavattu ympäri maailman.[192] Vampyyreita on nimitetty monilla paikallisilla nimityksillä. Tutkijat eivät ole olleet aivan yksimielisiä 'vampyyri'-sanan alkuperästä, mutta yleensä sitä pidetään slaavilaisperäisenä. Kirjoitettuihin teksteihin vampyyri-nimitys on kuitenkin vakiintunut 1700-luvun alkupuolella esiinnyttyään satunnaisesti jo sitä ennen. [193]

Verta imevät vampyyrit eivät kuulu suomalaiseen uskomusperinteeseen. Kansanrunousarkiston uskomustarinakokoelmassa on yksi vampyyreihin viittaava tarina, jossa lapsivainaja palaa "vampyyrina" etsimään äitiä, joka on jättänyt tai ehkä jopa surmannut hänet.

> Ransu kuuli äpäreen, pikku joen rannalla itkee lapsi, julmasti, hirmuinen ääni on. Jo tulee Ramsun kohdalle, tulee heiniä eli liekoa myöten yli, tulee ja hyppää pölkyn päälle. Punaset huulet on kuin veri. Imemään ois tullu ihmistä. Tytärlapsi on ja alasti. Mutta Ramsu sille sanoi: "Mene sen tykö, joka on sinut jättäny ja ime sitä." Se meni heti ja taisi imeä kuoliaaksi muorinsa (äitinsä). Kyllä se muorinsa löytää, jos vain elämässä on.[194]

Tämäkin tarina tuntuu liittyvän ainakin yhtä paljon lapsivainaja- kuin vampyyriuskomuksiin.

Suomessa tunnetaan myös tarina miehestä, joka palaa kuolemansa jälkeen kotiin ja yrittää syödä vaimonsa tai lapsensa. Usein kysymyksessä on sodassa ollut mies, jonka perhe ei tiedä miehen kuolleen. Tällainen olento on toisinaan tulkittu vainajan ruumiiseen menneeksi piruksi, mutta vampyyrista ei ole kysymys. Joskus mainitaan suomalaisena vampyyritarinana myös tarina ruumiita syövästä sulhasesta. Tarinassa kerrotaan ylpeästä tytöstä, joka toivoo rikasta ja erikoista sulhasta. Häntä tulee kosimaan aivan tuntematon mies, komea herra, joka näyttää olevan juuri tytön toiveiden mukainen, mutta on todellisuudessa piru. Mies vie morsiamensa mukanaan, mutta pysähtyy kirkkoon tai hautausmaalle, jättää tytön odottamaan ja menee itse kauemmas. Tyttö seuraa salaa ja näkee sulhasensa syövän ruumiita tai ruumiiden luita. Tyttö ei uskalla kertoa kenellekään. Kun piru tulee tytön äidin näköisenä kyselemään, mitä mieltä tyttö on sulhasestaan, tyttö lopulta kertoo, mitä on nähnyt. Tällöin piru ottaa oman muotonsa ja syö tytönkin.[195] Muutamassa tarinassa mainitaan myös nimeltä tunnettu noita, joka arvellaan eläväksi kuolleeksi. Esimerkiksi "Nykälän noita-äijästä" kerrottaessa on arveltu, että saattoi "olla tämä noita äijä vainaa jo eläissään."[196] Tällainen henkilö harjoitti noituutta, mutta ei kerrottu, että hän olisi esimerkiksi pyrkinyt imemään verta ihmisistä.

Vainajat kansansaduissa

Kansansaduissa esiintyy toisinaan ihmeaineita, joilla pystyy parantamaan mitä tahansa ja jopa herättämään kuolleita. Tällaista ainetta on varsinkin elämän vesi, jota pulppuava lähde on hyvin vaivalloisen matkan takana.[197] Useimmiten satujen vainajat kuitenkin pysyvät kuolleina, mutta ne saattavat silti joskus vaikuttaa aktiivisesti päähenkilön elämään.

103

Ihmesaduissa esiintyvät vainajat ovat tavallisesti sankaria auttavia ja pelastavia positiivisia hahmoja.[198] Esimerkiksi yleisesti Tuhkimo-nimellä tunnetussa sadussa[199] huonosti kohdeltu päähenkilö voi saada apua äitivainajaltaan. Sadusta on kuitenkin olemassa myös sellainen versio, jossa auttaja ei ole äitivainaja, vaan kolmesta sisaresta nuorin saa taikasauvan palkkioksi avuliaisuudestaan kohtaamiaan (maagisia) eläimiä ja ihmisiä kohtaan. Suomalaisessa kansansadussa päähenkilön nimeksi on yleistynyt Tuhkimo vasta myöhemmin, kirjallisuuden välityksellä. Tavallisemmin tämän sadun sankarittaren nimi on johdettu sikapiika-sanasta, hän voi olla esimerkiksi Sikuripakuri, Sikurimakuri, Sikurisakuri, Sikerisokeri, Sikulipapuli tai Pipuripapuri tai vain sikapiika ilman erisnimeä. Myös tuhkaan viittaavia nimiä päähenkilöllä esiintyy, esimerkiksi Tuhkataara, Tuhkatytär tai Tuhkapöperö, sen sijaan Tuhkimo ja Tuhkimus viittaavat kansansaduissa tavallisemmin tyhmänä pidettyyn nuorimpaan veljeen.[200]

Myös sadussa laulavasta puusta[201] orpotyttö saa vanhempiensa haudalla neuvon haudata maahan vasikansorkka, josta kasvaa ihmeellinen puu tytön turvaksi ja lohdutukseksi. Puu ruokkii tyttöä, jota kasvatusvanhemmat pitävät nälässä, ja lopulta johdattaa tytön naimisiin kuninkaanpojan kanssa. Isävainajansa haudalla valvova poika puolestaan saa isältään ihmeelliset varusteet, joiden avulla hän saa vaimokseen prinsessan lasivuorelta.[202] Näissä saduissa kuolleet vanhemmat pysyvät haudassaan, mutta sieltä käsin auttavat turvatonta lastaan tai palkitsevat tämän uskollisuuden. Sen sijaan sadussa pahan vallassa olevasta prinsessasta[203] sankari kohtaa kirkossa tai muualla hänelle ennestään tuntemattoman vainajan, jota auttaa esimerkiksi maksamalla tältä vaaditun velan. Vainaja kulkee pojan seurana ja auttaa tätä ratkaisemaan prinsessan kosijoille määrätyt tehtävät ja vapauttamaan prinsessan noidan vallasta. Sankari saa prinsessan puolisokseen. Lopulta auttaja paljastaa itsensä pojan auttamaksi vainajaksi ja katoaa.

Kaikissa näissä saduissa kuolema muuttaa ihmisen aivan toiseen kategoriaan. Ihmiset, jotka eläessään olivat aivan tavallisia, saavat kuoltuaan haltuunsa mahtavia voimia. Kuolleet vanhemmat pystyvät lahjoittamaan lapsilleen taikaesineitä. Myöskään pojan mukana kulkevan auttajan ei mainita olleen elinaikanaan mahtava noita, vaan aivan tavallinen mies, jonka ehkä on tarvinnut lainata rahaa elääkseen. Kuolema tuottaa hänelle taikavoimia, joilla hän pystyy voittamaan prinsessan lumonneen noidan.

Fantasian vainajaolennot

Käännöskirjallisuudessa erilaiset vainajaolennot ovat kasvattaneet suosiotaan viime aikoina. Erityisesti vampyyrit ovat levittäytyneet yhä laajemmille kirjallisuuden alueille: lastenkirjoihin, tyttökirjoihin, merirosvoseikkailuihin ja romanttisiin kertomuksiin. Kotimaisessa fantasiassa vampyyrit ovat kuitenkin vielä melko harvinaisia.

Myös kummitukset ovat siirtyneet fantasiasta ja kauhukirjallisuudesta kohti valtavirtakirjallisuutta. Esimerkiksi *Himoshoppaaja*-kirjoista tunnetun Sophie Kinsellan romaani *Kevytkenkäinen kummitus* tuo kummituksen nuoren sinkkunaisen elämään. Lara Lington osallistuu vanhempiensa kanssa hänelle melko tuntemattomaksi jääneen vanhan sukulaistädin hautajaisiin, kun tädin haamu alkaa vaatia Laraa selvittämään erään tädille tärkeän asian.

Enkeleitä ja kummituksia

Enkelit eivät ole fantasiaolentoina kovin yleisiä. Fantasiassa esiintyvät enkelit voivat olla korkeampiin voimiin liittyviä selkeän yliluonnollisia olentoja, mikä on aika harvinaista. Useammin enkelit ovat ihmisiä, jotka jatkavat elämäänsä kuoleman jälkeen enkelin muodossa.

Sharon Shinnin *Samaria*-sarjassa enkelien ja erilaisten ihmisten rodut elävät yhdessä samassa maailmassa. Samarian enkelit ovat alkuperältään geneettisesti muokattuja ihmisiä, joilla kuitenkin on mm. lentokelpoiset siivet. Viisiosainen sarja on ilmestynyt vuosina 1996–2004, sitä ei ole suomennettu.

Varsinkin nuoremmille lukijoille suunnatuissa teoksissa enkelit esiintyvät toisinaan olentoina, joiksi ihmiset muuttuvat kuolemansa jälkeen. Esimerkiksi Annie Daltonin *Enkeliakatemia*-sarjassa päähenkilönä on 13-vuotias Melanie, joka on kuoltuaan muuttunut enkeliksi ja elää teinien taivaassa, jossa opiskelun lisäksi istutaan kahviloissa, shoppaillaan ja biletetään. Sarjan yhdestätoista osasta on suomennettu neljä ensimmäistä.

Enkelit eivät kuulu myöskään kotimaisen fantasian keskeisiin olentoihin, mutta hiukan niitä kuitenkin esiintyy. Enkeli kuolemanjälkeisenä

106

olotilana esiintyy Erik Wahlströmin teoksessa *Siipien kansa*. Päähenkilö Johannes on pieni helsinkiläinen koulupoika, joka asuu kahdestaan äitinsä kanssa ja jota kiusataan koulussa. Kun Johannes jää auton alle, hän herää kammiossa korkealla kirkontornissa selässään suuret siivet. Hän saa kuulla, että Helsingissä lentelee satakunta enkeliä, joita jotkut ihmiset näkevät, mutta eivät kaikki. Myös Johannes opettelee lentämään ja toimii auttajana Harrille, entiselle kiusaajalleen.

Selvästi yliluonnollinen enkeli, tai ainakin enkelin siipi, on merkittävässä roolissa myös dekkarikirjailijana tunnetun Markku Ropposen romaanissa *Siivestäjät*. Tämä enkeli ei ole ihminen kuoleman jälkeen, vaan maan ulkopuolelta peräisin oleva yliluonnollinen olento. Siipiä lukuun ottamatta enkeli näyttää aivan tavalliselta viiksekkäältä mieheltä siistissä puvussa ja kiiltonahkakengissä. Korpraali Leppänen osuu sodan aikana näkemään tämän enkelin ja karhun Karjalan metsissä. Karhu huitaisee enkeliltä toisen siiven irti ja korpraali ottaa sen mukaansa. Kymmeniä vuosia myöhemmin antikvariaatin pitäjä Joel Vehvanen ostaa laatikollisen vanhoja kirjoja leskirouvalta, joka antaa siiven kaupan päälle ja kertoo miesvainajansa voittaneen sen korttipelissä sota-aikana. Mies oli väittänyt siipeä enkelin siiveksi, jolla on parantava voima. Yllätyksekseen Vehvanen huomaa, että siipi todella parantaa. Hän jättää antikvariaattinsa ja lähtee naisystävänsä Eevan kanssa bussilla kiertämään maaseutua ihmeparantajana. Tässä vaiheessa myös enkeli alkaa etsiä siipeään saadakseen sen takaisin.

Myöskään kummitukset eivät kuulu kotimaisen fantasian keskeisolentoihin, mutta niitä esiintyy fantasiassa hiukan useammin kuin enkeleitä.

Kummitus on keskeisessä roolissa esimerkiksi lastenfantasiaan kuuluvissa Laila Kohosen *Ystävämme Ebe-setä, kummitus* (1980) ja Kaarina Helakisan *James Bondén ja kummitusmuseo* (1995). Kohosen Ebe-setä on tutkija, joka kummittelee entisessä kotitalossaan, koska ei ole tutkimustyöltään huomannut kuolleensa. Kummitus ystävystyy taloon muuttavien lasten kanssa ja lopulta häviää pois. Helakisan teoksessa kummitus on nimeltään Njördur, sen kummittelun syy ei selviä. Kummituksen innoittamana lapset alkavat ideoida kummitusmuseota, josta Njördurkin löytää itselleen paikan:

> Njördur Kummituksesta oli tullut eräänlainen tietokonevirus! Seinien läpi syöksähdellessään hän oli viimein livahtanut itse tietoverkkoon, GhostCenterin hienoon elektroniseen järjestelmään, ja nyt hän naureskeli ja pelleili jokaisessa kuvaruudussa, jokaisella ääni-nauhalla, joka videotykissä, joka piilevyllä, jokaisessa sähkövirran vilauksessa!
> Ystävämme Njördur oli vihdoin löytänyt itselleen kummituskodin. Hän ei ollut suinkaan tyytynyt yhteen pikku kopperoon tai näyttelytilan kolkkaan. Hän oli läpäissyt koko museon. Hänestä oli tullut osa GhostCenteriä.[204]

Marja Luukkosen teoksessa *Tuulipuun maa* (2009) vainajat jatkavat elämäänsä rinnakkaismaailmassa, jonne päähenkilö, 13-vuotias Pinni, löytää tien. Hän tapaa toisessa maailmassa myös pienenä kuolleen kaksossisarensa Roosan. Kysymyksessä ei kuitenkaan ole kummittelu eivätkä vainajat varsinaisesti pyri vaikuttamaan elävien maailmaan, vaan pikemminkin päinvastoin.

Suomalaisia vampyyreja

Suomalaisessa kaunokirjallisuudessa vampyyrit näyttävät olevan melko harvinaisia. Kotimaisen kirjallisuuden vampyyreista on epäilemättä tunnetuin Jarkko Laineen Wilhelm Kojac teoksessa *Vampyyri eli miten Wilhelm Kojac kuoli kovat kaulassa* (1971). Kysymyksessä on parodinen vampyyritarina, jossa vampyyrimyytit ja arkitodellisuus kohtaavat. Teoksen päähenkilönä on vampyyri Wilhelm Kojac. Hän on joutunut lähtemään jugoslavialaisesta kotilinnastaan paikallisten asukkaiden avattua suvun hautaholvin ja seivästettyä Kojacin suvun päämiehen, Wilhelmin isoisän. Ilman pakenemista Wilhelm Kojac olisi saanut jakaa isoisänsä kohtalon.

Kuljettuaan muutamia vuosikymmeniä ympäri Eurooppaa Wilhelm Kojac päätyi vuoden 1952 Suomeen, olympialaisten aikaan. Kojac jää Suomeen ja tekee tilapäistöitä eläen sianverellä ja tomaattikeitolla. Hän tuntee olevansa täysin epäonnistunut vampyyrina, suvun häpeäpilkku. Vuosia myöhemmin naapuriasunnossa asuva nuori Lauri Wiik haaveilee helposta elämästä ja tutustuttuaan oikeaan vampyyriin hän uskoo olevansa lähellä tavoitettaan. Ongelmana on vain se, että Kojac ei ole kovin hyvä vampyyri. Hänen isoisänsä opetukset naisten kaulasuonista eivät tunnu ollenkaan sopivan suomalaisiin naisiin ja Kojacin hyökkäykset epäonnistuvat kerran toisensa jälkeen, vaikka Lauri valmentaa ja kannustaa häntä parhaansa mukaan. Lopulta Kojacin ainoa toive on saada lähteä arvokkaasti sukunsa tapaan, omassa arkussaan maaten.

Leena Krohnin romaanissa *Datura tai harha jonka jokainen näkee* (2001) päähenkilönä on rajatietoa käsittelevän lehden toimitussihteeri, joka työssään tapaa monia erikoisia henkilöitä. Hän saa haastateltavakseen naisen, joka kertoo olevansa vampyyri. Nainen ilmoittaa nimekseen Loogaroo ja muuttuneensa vampyyriksi saatuaan tartunnan, mutta kertoo myös synnynnäisiä vampyyreita olevan olemassa. Loogaroo kertoo, että aika ajoin jokaisen vampyyrin on saatava verta, että hän ei pidä auringonvalosta ja näkee hyvin hämärässä.

Haastattelija ei ole kovin huolissaan eikä edes kovin kiinnostunut, sillä hän ei pohjimmiltaan usko vampyyreihin eikä pidä Loogaroota aivan oikeana vampyyrina. Kaksikymmenvuotiaalta näyttävä Loogaroo kertoo haastattelussa, että vampyyrit elävät paljon ihmistä pitempään.

– Ja kuinka vanha olet nyt?
– Seitsemänkymmentäkolme vuotta, hän vastaa. – Ensi kuussa seitsemänkymmentäneljä.
Hän näyttää aivan vilpittömältä, hyväkäs. En edes naura, tyydyn vain kohottamaan kulmiani. Hän tosiaankin pitää minua idioottina.[205]

Loogaroo on kalpea ja eksoottisen kaunis pitkine hiuksineen ja lävistyksineen. "Cool", ajattelee toimitussihteeri ja lupaa lähettää haastattelun luettavaksi. Loogaroo ei pidä sitä tarpeellisena, häntä se ei kiinnosta.

Sari Peltoniemen romaanissa *Suomu* (2007) 15-vuotias Oona sattuu uimamatkallaan uimaan järven yli ja noustessaan vastarannalle hän huomaakin siirtyneensä rinnakkaistodellisuuteen. On vuosi 1947, Suomi juuri hävinnyt sodan Ruotsia vastaan ja kylässä on ahvenanmaalaisia evakoita. Kylässä on myös tehdas, jonka omistajasukua pelätään aivan oudolla tavalla. Kylästä myös häviää silloin tällöin lapsia ja nuoria. Vampyyri ei tapa uhrejaan, vaan se imee näistä itselleen elinvoimaa. Uhrit pysyvät mieleltään lapsina, mutta ruumiillisesti he vanhenevat paljon nopeammin kuin pitäisi.

Vampyyreja maailmalta

Modernin vampyyrikirjallisuuden katsotaan alkaneen John Polidorin teoksesta *Vampyyri*, joka ilmestyi vuonna 1819. Teoksessa esiintyi ensimmäinen aatelisvampyyri, Lontoon seurapiireihin ilmestyvä lordi Ruthven, joka oudon, levottomuutta herättävän olemuksensa vuoksi kutsutaan joka paikkaan. Samaan aikaan Lontooseen saapuu nuori, rikas ja idealistisen romanttinen nuori mies nimeltä Aubrey, joka päätyy matkustamaan Eurooppaan lordin seurassa. Matkalla Aubrey huomaa lordin turmeltuneisuuden ja vähitellen heräävät myös vampyyriepäilyt. Kun lordi Ruthven on kuolemassa maantierosvojen aiheuttamaan haavaan, Aubrey vannoo hänen pyynnöstään pysyvänsä vuoden ja päivän ajan vaiti kaikesta, mitä hän lordista tietää. Vala estää häntä puhumasta, vaikka hän Lontooseen palattuaan tapaa kuolleeksi näkemänsä ja nyt vampyyriksi tietämänsä lordi Ruthvenin ilmielävänä.

Lordi Ruthven oli kolkonkomea mies, joka pystyi yhdellä oudon tyhjällä, "kalmantihkeällä" katseellaan vaimentamaan hilpeän naurun ja saa sydämet täyttymään pelolla. Hän oli käytökseltään muista piittaamaton eivätkä tunteet milloinkaan kuvastuneet hänen kasvoiltaan. Kuitenkin hän veti puoleensa ihmisiä, erityisesti siveitä nuoria naisia, jotka hänen vaikutuksestaan alkoivat käyttäytyä hyvin sopimattomasti. vampyyri valitsi uhreikseen naisia, joista se imi itselleen elinvoimaa. Tarina päättyy onnettomasti, ja vampyyri jatkaa vaeltamistaan. Polidorin Vampyyrin ilmestymisen jälkeen vampyyriaihe alkoi esiintyä yhä useammin kaunokirjallisuudessa ja myös romanttisessa runoudessa näkyi viitteitä vampyyreihin.

Joseph Sheridan Le Fanun vuonna 1872 ilmestyneen *Carmilla*-pienoisromaanin tapahtumat sijoittuvat Steiermarkiin, Itävaltaan. Päähenkilönä on tapahtuma-aikaan 19-vuotias Laura, tapahtumat kerrotaan hänen myöhemmin kirjoittamansa kuvauksen kautta. Laura asuu eläkkeellä olevan isänsä kanssa syrjäisessä linnassa. Erikoisen sattuman kautta he saavat vieraakseen Carmilla-nimisen viehättävän nuoren naisen. Tytöt kiintyvät toisiinsa kovasti, vaikka Carmilla käyttäytyy välillä oudosti ja hetkittäin Laura tuntee suorastaan inhoa häntä kohtaan. Lähistöllä alkaa selittämättömästi kuolla nuoria naisia, jotka ensin kertovat nähneensä painajaisen tai aaveen, alkavat sitten heikentyä ja kuolevat muutaman päivän kuluttua. Laurallakin on outoja oireita, ja häntä hoitavalla lääkärillä on epäilyksensä sairauden laadusta. Tapahtumat huipentuvat, kun vanha perheystävä tulee vierailulle ja tunnistaa Carmillan tytöksi, joka on Millarca-nimisenä vieraillut hänen kotonaan ja aiheuttanut hänen kasvattityttärensä kuoleman. Käy selväksi, että Carmilla on vampyyri, yli sata vuotta sitten kuollut Karnsteinin kreivitär Mircalla.

Vaikka Carmilla on vampyyri, hän on heleäihoinen ja lämmin. Hän käy päivittäin salaa nukkumassa haudassaan, mutta pystyy liikkumaan päivänvalossa, tosin hän on raukea ja väsyy helposti. Kristinuskoa Carmilla kammoaa: hän ei koskaan osallistu perheen rukoushetkiin ja kuullessaan hautajaisaaton veisaavan virttä hän tukkii korvansa, kalpenee ja alkaa vapista. Kun vampyyriepäilys on herännyt, kreivitär Mircallan haudalla pidetään oikeudenkäynti ja arkku avataan. Kreivitär lepää arkussa elävän näköisenä, silmät auki. Paikalla olleet lääkärit totesivat

heikkoa mutta selvää hengitystä ja vastaavaa sydämentoimintaa. Ruumiin raajat olivat taipuisat, iho tuntui kimmoisalta, ja lyijyarkku oli tulvillaan verta, jossa ruumis kellui seitsemän tuuman syvyydessä. Näin tästä tapauksesta siis löytyivät kaikki yleisesti hyväksytyt vampyrismin merkit ja todisteet. Sen tähden ruumis kohotettiin ikivanhan käytännön mukaisesti ja terävä seiväs iskettiin vampyyrin sydämen läpi, niin että se päästi vihlovan huudon, täsmälleen samanlaisen jollainen saattaisi purkautua kuolinkamppailuaan käyvän ihmisen huulilta. Sitten kreivittären pää hakattiin irti, ja veri virtasi ryöppynä katkaistusta kaulasta. Pää ja ruumis heitettiin seuraavaksi puuröykkiön päälle ja poltettiin tuhkaksi, joka siroteltiin joen vietäväksi, eikä seudun ole sen koommin tarvinnut kärsiä vampyyrin vierailusta.[206]

Tekstissä on käytetty vanhoissa vampyyrioikeudenkäyntiasiakirjoissa kuvattuja tuntomerkkejä, jotka todistavat ruumiin vampyyriksi, tosin hengitystä ja sydämensykettä havaittiin harvoin. Myös vampyyrin tuhoamiseksi käytetyt keinot ovat vanhoja.[207] Lauran kirjoittaakin kuvauksensa vampyyrin viimeisistä hetkistä perustuvan viralliseen asiakirjaan, josta hänen isänsä on paikalla olleena saanut jäljennöksen; suojattua elämää viettävä nuori nainen ei tietenkään ole itse voinut olla paikalla tuontapaisessa tilaisuudessa. Kertomuksella on onnellinen loppu, sillä vampyyrin tuhouduttua Laurakin alkaa parantua.

113

Sheridan Le Fanun Carmilla kiinnosti lukijoita, mutta varsinaiseen kukoistukseen vampyyrikirjallisuus nousi Bram Stokerin vuonna 1897 ilmestyneen *Dracula*-romaanin ansiosta. Stoker kuvasi teoksessaan romanialaista vampyyrikreivi Draculaa, joka lähtee linnastaan Lontooseen alistamaan maailmaa herruuteensa. Vampyyrin ei kuitenkaan ole mahdollista matkustella noin vain, vaan hänen on tehtävä järjestelyjä. Lontoolainen asianajajatoimisto lähettää Jonathan Harkerin Transilvaniaan hoitamaan kiinteistökauppoja, ja romaani alkaakin Harkerin päiväkirjamerkinnöistä tuolta matkalta, jolta hän palaa kuin ihmeen kaupalla.

Stokerin teoksesta tuli myyntimenestys ja kreivi Draculasta muodostui eräänlainen vampyyrin arkkityyppi, joka vaikutti vahvasti myöhempiin kirjallisiin vampyyreihin. Esimerkiksi se Stokerin keksimä piirre, ettei vampyyrilla ole peilikuvaa, näkyy edelleenkin vampyyrikertomuksissa esimerkiksi ihmettelynä tai kysymyksinä vampyyrin peilikuvasta. Juuri *Dracula*-romaanin ansiosta nimenomaan Romanian Transilvania tunnetaan nykyään vampyyrien ehdottomana kotipaikkana, vaikka vampyyreista on kerrottu romanialaisten lisäksi myös monien muiden maiden kansantarinoissa. Stoker käytti kreivi Draculan esikuvana romanialaista historiallista Draculaa, Vlad Tepesiä. Tällä 1400-luvulla eläneellä hallitsijalla oli mm. tapana seivästää vihollisiaan, mutta vampyyriutta häneen ei liitetty ennen Stokerin romaanin ilmestymistä.

Dracula-romaani rakentuu sen henkilöiden kirjoittamista teksteistä, erityisesti Jonathan Harkerin ja Mina Murrayn, josta tuli Mina Harker, päiväkirjamerkinnöistä ja kirjeistä, mutta myös muiden keskeisten henkilöiden muistiinpanoista sekä sanomalehtiuutisista. Näistä muodostuu

114

ihmisten näkökulma, jossa ihmetellään, pelätään ja suojaudutaan, mutta lopulta käydään aktiiviseen taisteluun pahaa vastaan.

Kreivi Dracula paljastuu vampyyriksi tai ainakin joksikin epäinhimilliseksi olennoksi jo tapahtumien alkuvaiheissa, mutta Minan ystävättären Lucyn outoa sairastumista ei kukaan osaa yhdistää kreiviin tai vampyyreihin. Lucya hoitava tohtori Seward on ymmällään ja kutsuu paikalle Amsterdamista tohtori Abraham van Helsingin, joka on lääketieteen ja filosofian tohtori, metafyysikko ja "tietää epämääräisistä sairauksista enemmän kuin moni muu".[208] Tohtori van Helsing alkaakin pian aavistella Lucyn taudin laatua, mutta ei pysty estämään tämän kuolemaa. Hän kuitenkin tietää, mitä Lucyn ruumille on tehtävä, kun tämä muuttuu vampyyriksi. Lucy on kuitenkin ollut paremminkin viaton uhri. Tapahtuvat kulminoituvat hyvän voittoon pahasta, mikä merkitsee alkuperäisen vampyyrin tuhoamista:

Näin kreivin makaavan laatikossa mullan päällä, jota oli karissut hänen vaatteilleen laatikon saadessa kovakouraisen lähdön rattailta. Hän oli kalmankalpea, aivan kuin vahakuva, ja hänen punaisissa, tuijottavissa silmissään oli tuo kaamea kostonhimoinen katse, jonka tunsin liiankin hyvin.

Katsellessani häntä nuo silmät näkivät laskevan auringon, ja niiden julma katse muuttui voitonriemuiseksi.

Mutta siinä samassa heilahti ja välähti Jonathanin iso veitsi. Minä kirkaisin, kun näin sen repivän kurkun auki; samaan aikaan iskeytyi herra Morrisin bowieveitsi sydämeen.

Se oli kuin ihme: mutta siinä silmiemme edessä ja melkein samassa hengenvedossa koko ruumis mureni tomuksi ja hävisi näkyvistämme.

Elämäni loppuun saakka iloitsen siitä, että edes tuon lopullisen hajoamisen hetkellä noilla kasvoilla oli rauha, jollaisen en olisi ikinä voinut kuvitella niillä viipyvän.[209]

Kuvaajana on Mina Harker, joka on silminnäkijänä takaa-ajossa, jossa kreivi Dracula tavoitetaan juuri ennen kuin hän olisi päässyt turvaan linnaansa. Mina on ollut vaarassa, sillä Lucyn kuoleman jälkeen kreivi Dracula oli vieraillut hänen luonaan, mutta vampyyrin tuhouduttua hän paranee.

Uuden aallon vampyyrikirjallisuuden aloitti Anne Rice vuonna 1976 teoksellaan *Interview with the Vampire*. Kirja suomennettiin vuonna 1992 nimellä *Veren vangit*. Teoksen päähenkilönä on 1700-luvulla syntynyt vampyyri Louis, joka kertoo itse oman tarinansa haastattelijalle. Vaikka Louis kuvailee monenlaisia vampyyrina olemisen vaikeuksia ja ristiriitoja, vampyyrin elämä kuulostaa niin suurenmoiselta, että lopuksi haastattelija anelee Louisia tekemään hänestäkin vampyyrin. Rice kirjoitti menestysteokselleen kymmenkunta jatko-osaa, joista on suomennettu kaksi: *Vampyyri Lestat* (1993) ja *Kadotettujen kuningatar* (1994).

Ricen teosten uudenlainen, moderni vampyyri ei enää ollut ihmissankarien demoninen vihollinen, vaan päähenkilö, joka kertoo itse tarinaansa. Tyylikäs ja viettelevä vampyyri liikkuu iltaisin ja öisin ollen mukana ihmisten huvituksissa ja yöelämässä. Päivisin vampyyrit nukkuvat arkuissaan, sillä ne eivät kestä päivänvaloa; myös tuli tuhoaa vampyyrin, mutta muuten ne ovat kuolemattomia. Ricen vampyyrit tarvitsevat verta ja himoitsevat erityisesti ihmisverta, mutta tarvittaessa ne selviävät myös eläinten verellä. Ne ovat ihmisiä voimakkaampia ja nopeampia ja toimivat omilla ehdoillaan ihmisten lakien ja järjestyksen ulko- ja yläpuolella. Vampyyrit ovat siis tavallaan parempia versioita ihmisestä, mutta toisaalta he eivät ole ihmisiä lainkaan. Vampyyriksi muuttuminen tai vampyyreihin tutustuminen merkitsee kirjan päähenkilölle ja myös lukijalle toisenlaisen, erilaisen kohtaamista; vampyyrien läsnäolo nostaa esille monenlaisia kysymyksiä ihmisyydestä, valinnanmahdollisuuksista ja elämän rajallisuudesta.

Uusi vahva kiinnostus vampyyreihin heräsi 2000-luvulla ja nuortenkirjoissa alkoi vampyyreja esiintyä aivan vilisemällä. Uutta oli vampyyrien siirtyminen kauhukirjallisuudesta laajemmin hyvin monenlaiseen nuorisokirjallisuuteen, myös tytöille suunnattuihin kirjoihin. Stephenie Meyerin romaani *Houkutus* (2005) jatko-osineen on saanut aivan valtaisan suosion joka puolella maailmaa ja se on käännetty kymmenille kielille. Teoksessa 17-vuotias lukiolaistyttö Isabella eli Bella muuttaa isänsä luokse pikkukaupunkiin ja tutustuu uudessa koulussa samalla luokalla olevaan komeaan Edwardiin. Edward kiinnostaa Bellaa heti ja myös Edward tuntee vetoa Bellaan, vaikka yrittää aluksi vältellä tätä. Bella huomaa, että Edward on aivan erilainen kuin kukaan hänen ennen tuntemansa poika ja Bellalle paljastuu, että Edward on vampyyri. Edward kuuluu perheeseen, jonka jäsenet ovat kaikki vampyyreja, perheen viisi teini-ikäistä ovat virallisesti kasvattisisaruksia. Perhe on päättänyt tyydyttää verenjanonsa eläimillä koskematta ihmisvereen. Tästä huolimatta Edwardin on aluksi vaikea olla Bellan lähellä, sillä tämän veri houkuttelee häntä kovasti.

Edward on ollut 17-vuotias jo kahdeksankymmentä vuotta, mutta Bella on hänen ensirakkautensa. Romanssi on siis kaikin tavoin aivan erityinen, ja lisämausteita siihen tuo Bellan tutustuminen vampyyrien ja muiden yliluonnollisten olentojen maailmaan. *Houkutuksen* vampyyrit pystyvät liikkumaan päivänvalossa, mutta auringonpaistetta ne kaihtavat, koska aurinko saa vampyyrin ihon kimaltelemaan. Vampyyrit ovat yliluonnollisen nopeita, kestäviä ja vahvoja, lisäksi niillä voi olla erityiskykyjä, kuten ajatusten lukeminen tai tulevaisuuden ennustaminen.

"Vampyyri-Bill" William Compton on tullut suomalaisille vampyyrinystäville tutuksi *True Blood* -televisiosarjan kautta. Sarjan taustalla olevassa Charlaine Harrisin *The Southern Vampire Mysteries* -sarjassa on ilmestynyt jo toistakymmentä kirjaa, joiden suomentaminen on vasta aloitettu. Sarjan ensimmäinen osa *Dead until Dark* ilmestyi vuonna 2001 ja sai nimikilpailun jälkeen suomalaiseksi nimekseen *Veren voima* (2010). Myös tässä sarjassa keskeistä on nuoren ihmisnaisen ja vampyyrimiehen romanssi. Vampyyreja on paljon ja ne ovat voineet tulla esille ja julkisuuteen, koska on keksitty keinoveri, jonka ansiosta vampyyrien ei ole pakko tyydyttää verenjanoaan ihmisverellä. Enää ei ole korrektia nimittää vampyyreja kuolleiksi, vaan virallisesti vampyyrius on sairaus, joka saa aluksi potilaan vaikuttamaan kuolleelta ja asettaa sen jälkeen rajoituksia hänen loppuelämälleen. Nämäkään vampyyrit eivät kestä päivänvaloa, joten ne liikkuvat vain iltaisin ja öisin. Päähenkilönä tässäkin on vampyyriromanssin ihmisosapuoli, Sookie Stackhouse.

John Ajvide Lindqvistin *Ystävät hämärän jälkeen* (2008) kertoo toisenlaisen vampyyritarinan. Tapahtumat sijoittuvat ruotsalaiseen lähiöön, jossa asuu 12-vuotias Oskar äitinsä kanssa. Oskaria kiusataan koulussa eikä hänellä ole kavereita, joten hän tekee mielellään tuttavuutta samaan taloon muuttaneen tytön kanssa, vaikka tämä onkin kummallinen ja liikkuu pihalla vain hämäräntulon jälkeen. Vähitellen Oskar saa selville, että Eli ei todellakaan ole mikään tavallinen naapurintyttö, vaan vampyyri. Hän tarttuu silti halukkaasti mahdolliseen ystävään, joka myös kannustaa häntä vastustamaan kiusaajiaan.

Lindqvistin romaanissa vampyyrina olemisessa ei ole juuri mitään erityisen hohdokasta. Kun Oskar tapaa Elin ensimmäisen kerran, tämä on niin likainen, että haisee. Eli asuu pedofiliasta tuomitun miehen kanssa, joka pitää hänestä huolta erityisesti hankkimalla tarvittaessa tuoretta ihmisverta. Vampyyrin elämä on jatkuvaa piilottelua ja neuvottelua verenhankinnasta. Kun Elin avustaja jää kiinni ja tilanne alkaa muuttua Elin kannalta vaaralliseksi, Oskar haluaa auttaa, sillä Eli on hänen ystävänsä, ainoa ja paras ystävä, joka hänellä on koskaan ollut. Myös Eli auttaa Oskaria, kun tämä on hengenvaarassa kiusaajiensa käsissä. Eli on elänyt pitkään, kaikki hänen läheisensä ovat kuolleet jo aikoja sitten. Ehkä hän todella kaipaa Oskarin ystävyyttä; ainakin hän tarvitsee avustajakseen ihmisen, koska tämäkään vampyyri ei voi liikkua päivänvalossa.

119

IV Piru ja kuolema

Ehkä maailmankirjallisuuden tunnetuin kertomus ihmisestä ja paholaisesta on Faust, mies, joka myy sielunsa paholaiselle. Kertomus on kirjoitettu muistiin 1500-luvulla ja sen väitetään pohjautuvan noin vuosina 1480–1540 eläneen oppineen maagikon elämään. Paholainen täytti kaikki Faustin toiveet 24 vuoden ajan ja sai maksuksi hänen sielunsa kuoleman jälkeen. Alkuperäiskertomuksessa Faust kuvattiin syntiseksi, jolle helvetti oli juuri oikea rangaistus, mutta myöhemmin Faustin hahmo on muuttunut sankarilliseksi henkilöhahmoksi, ääriesimerkiksi tiedonhaluisesta ja kyselevästä nykyihmisestä.[210] Faustin tarinaa on käytetty myöhemmin erittäin monessa kaunokirjallisessa teoksessa 1500-luvulta nykypäivään. Sopimus paholaisen kanssa on inspiroinut myös säveltäjiä, kertomuksen innoittamana on tehty runsaasti erilaisia sävellyksiä, mm. useita oopperoita.

Kansankertomuksissa piru on ollut suosittu. Uskomustarinoissa piru on voinut merkitä paholaisolentoa, mutta piruksi on voitu sanoa myös mitä tahansa yliluonnolliseksi ja mahdollisesti vaaralliseksi tai vihamieliseksi koettua olentoa, jota ei ole sen tarkemmin määritelty. Myös kansansaduissa piru esiintyy joskus esimerkiksi peikon rinnakkaisnimityksenä. Kansansaduissa esiintyy kaksi hyvin erilaista piruhahmoa: toisaalta saduissa on selvästi kristillisperäisiä paholaisia, toisaalta peikkomaisia tyhmiä piruja, joita ihminen, mies, eri tavoin huijaa. Personoitu kuolema ei ole kuulunut suomalaisiin uskomustarinoihin, mutta se esiintyy joskus saduissa ja vihjattuna myös runomuotoisessa kansanperinteessä.

Kotimaisessa kirjallisuudessa sekä kuolema että piru ovat melko harvinaisia. Demoniolentoja esiintyy käännösfantasiassa.

Uskomustarinoiden monimuotoinen piru

Kansanperinteen kuva pirusta on paljon kristillistä paholaiskäsitystä laajempi. Hengellisten tekstien paholainen on vaarallinen mutta etäinen uhka. Kansanperinteessä piru todella kohdataan arjessa, ja tällaisesta kohtaamisesta voi olla ihmiselle myönteisiäkin seurauksia.[211] Piru on ollut suomalaisessa uskomustarinoissa varsin suosittu hahmo. Suomalaisen Kirjallisuuden Seuran vanhimmista, vuoteen 1950 mennessä talletetuista uskomustarinoista, noin 15 % on liittynyt piruun.[212]

Uskomustarinoissa piruiksi on nimitetty monenlaisia olentoja, erityisesti sellaisia, jotka ovat liittyneet kuolemaan ja tuonpuoleiseen, siis kirkonväkeä, monenlaisia kummittelijoita ja rauhattomia vainajia. Myös erilaisia räyhähenkiä ja epämääräistä kummittelua on nimetty piruiksi.[213] Toisaalta piruiksi on saatettu nimittää satunnaisesti myös muitakin uskomusolentoja, esimerkiksi metsänhaltioita on toisinaan kutsuttu myös metsäpiruiksi.

Aikana, jolloin maailmankuvaa sävytti vahvasti kristinusko, paholainen on ollut niin pelottava olento, ettei sen nimeä ole kovin mielellään mainittu, vaan on käytetty erilaisia eufemismeja eli kiertoilmauksia. Tavallisia ja nykyäänkin kohtalaisen tunnettuja ovat esimerkiksi sellaiset kuin *vihtahousu, sarvipää, pannahinen, tihulainen, pahus, peijakas, lempo* tai *vanha kehno.* Muita paholaisen nimityksiä ovat olleet esimerkiksi *vanha Erkki, Alituvan ukko, häntäherra, ruhjakka, kurkko, kööpeli, rietas* tai *intikka.* Olennon vaatetukseen ovat liittyneet nimet *tilkkuhattu, taulahattu* ja *pitkähattu* sekä *karvahousu, hiivahousu, tilkkupöksy* ja *rokoskapöksy.* Paholaisesta käytettyjä nimityksiä löytyy hyvinkin toista sataa erilaista.

Piru voi esiintyä monenlaisessa hahmossa, myös tuttuina kotipiirin eläiminä, esimerkiksi kissan tai koiran, pässin, ketun tai käärmeen hahmossa. Linnuista piru suosii harakkaa, mutta se voi näyttäytyä myös metson, teeren, huuhkajan tai tarkemmin määrittelemättömän pikkulinnun muodossa. Piru voi esiintyä myös ihmisen näköisenä, jolloin se on musta, punainen, valkoinen tai harmaa mies turkissa tai sotaherran vaatteissa. Se voi olla myös isokokoinen, karvainen tai erikoisen ruma, mutta se voi olla myös hienosti pukeutunut, komea mies. Piru voi olla ihmisenä myös naispuolinen, ruma akka, valkeapukuinen nainen hiukset levällään tai ylhäinen nainen kauniissa vaatteissa. Joskus piru tekee itsensä jonkun tutun ihmisen näköiseksi. Tavallisesti ihmishahmoisella pirulla on kuitenkin aina jokin ei-inhimillinen merkki, josta se on mahdollista epäilyksettä tunnistaa piruksi. Tällainen tuntomerkki saattoi uskomusten mukaan olla jokin eläimen piirre, esimerkiksi toisen tai molempien jalkojen sijalla voi olla jalan pukin- tai lehmänsorkka, hevosen kavio tai jopa metson tai kukon jalka. Hännästäkin ihmishahmoinen piru on joskus tunnistettu.

Omassa hahmossaan piru oli tarinoiden mukaan tavallisesti karvainen tai ainakin karvajalkainen, usein sarvipäinen ja isokokoinen. Piru on joskus musta tai punainen, joskus valkoinenkin, ja se voi olla myös yksisilmäinen. Myös häntä ja pitkät hampaat mainitaan melko usein pirun tuntomerkkeinä. Pirun yliluonnollisuus näkyy myös sen käyttäytymisessä: sen on kerrottu pystyvän juoksemaan hevosen rinnalla eikä se jätä kulkiessaan jälkiä lumeen tai jos jättää, sen jälkien väli on epäluonnollisen pitkä.

Kirkon piirissä on laskettu ja luetteloitu suunnaton määrä erilaisia ja eritasoisia paholaisia.[214] Myös kansantarinoissa piruja voi olla useampia; on voitu myös puhua pikkupiruista ja pääpaholaisesta. Piru on esiintynyt uskomustarinoissa hyvin monenlaisissa rooleissa. Kristillinen paholainen saa omakseen huonosti eläneen ihmisen, jota voi eri tavoin piinata. Itsemurhaajat kuuluvat ilman muuta pirulle, ja se onkin usein lähellä odottamassa ja jopa auttamassa, kun joku on hirttäytymisaikeissa. Kerrotaan myös tapauksista, joissa on leikillä kokeiltu hirttäytymistä siten, että joku menee roikkumaan hirteen ja ystävä on odottanut vieressä valmiina toisen merkistä katkaisemaan köyden. Silloin piru on juossut paikalle ketun hahmossa ja houkutellut auttajan peräänsä. Sillä aikaa hirressä roikkuja on kuollut.

Uskomustarinoissa esiintyy myös kaunokirjallisuudesta ja saduista tunnettu kertomus miehestä tai joskus naisestakin, joka määrävuosien rikkauksien ja menestyksen vastineeksi lupautuu määräajan päättyessä pirulle. Joskus pirulle on luvattu myös syntymätön lapsi. Kun piru tulee omaansa noutamaan, tämä saattaa pelastua pysyttelemällä kirkon alttarilla vaikka piru houkuttelee häntä mukaansa milloin kenenkin muodossa. Erityisesti vapaamuurarien uskottiin olevan liitossa pirun kanssa

123

ja saavan elinaikanaan pirulta rahaa ja muuta maallista hyvää, mutta joutuvan kuoltuaan pirun valtaan. Kerrotaan, että erään kartanon vapaamuurari-isäntää tuli piru noutamaan hiukan ennen aikojaan. Isäntä kielsi pirua jäämästä odottamaan ja kutsui nopeasti papin. Pappi kastoi isännän uudella nimellä, jolloin piru ei enää häneen pystynyt tullessaan uudelleen omaansa hakemaan.

Jos piru yrittää ihmishahmossa huijata jotakuta mukaansa, tämä voi paljastaa pirun vaatimalla tätä sanomaan jotain, mikä sisältää Jumalan tai Jeesuksen nimen. Pirun ei nimittäin pysty lausumaan kumpaakaan nimeä. Kerrotaan, että kun ihmiseksi tekeytynyt piru oli kirkossa laulavinaan muiden mukana vanhan virsikirjan virttä 137, jossa oli sanat "Jeesuksen muisto ihana", piru lauloi "Suksen luisto ihana." Vastaavasti seurakunnan lausuessa "Jeesuksen nimeen", kirkossa olleet pirut toistelivat "Suks'sauvan nimeen, suks'sauvan nimeen." Kerrotaan myös, että pirun karkottamisessa on hyvänä apuna kukko, jonka kiekuessa pirun on poistuttava.

Piru on toiminut rankaisijana norminvastaisesta toiminnasta, esimerkiksi pyhätyöstä. Tarinoissa piru näyttäytyy marjanpoimijoille tai onkimiehille, jotka ovat liikkeellä sunnuntaina kirkonmenojen aikaan. Toisinaan rangaistukseksi on riittänyt pirun näyttäytyminen, toisinaan piru on antanut rikkojalle myös konkreettisen, joskus varsin julmankin rangaistuksen. Esimerkiksi naiselle, joka poimii sunnuntaina marjoja ostaakseen marjarahoilla helminauhan, piru panee kaulaan käärmeen helminauhaksi. Myös myöhään kylpeminen on kuulunut sopimattomaan käyttäytymiseen ja voinut aiheuttaa pirun ilmestymisen paikalle. Liian myöhään saunassa viivytellyt on jopa voitu seuraavana aamuna löytää kuolleena ja nyljettynä. Jos joku vetoaa piruun vakuuttaessaan valheen todeksi tai väärän oikeaksi, piru ilmestyy ja kyselemättä tempaa ihmisen mukaansa.

Piru on innolla mukana kaikenlaisissa synnillisenä pidetyissä toimissa. Korttipelipöydässä tuntematon pelaaja on voinut osoittautua piruksi. Piru on paljastunut esimerkiksi siten, että yhdeltä pelaajalta on pudonnut jotakin lattialle. Kun hän on kumartunut etsimään kadottamaansa pöydän alta, hän on nähnyt, että tuntemattoman pelaajan toinen jalka on kavio tai sorkka. Myös tansseissa piru liikkui mielellään. Se saattoi esiintyä tanssien pelimannina, jonka soitto sai kaikki tanssimaan, tai innokkaimpana tanssijana, joka houkutteli nuoria tyttöjä tanssilattialle. Tanssipaikalla piru saattoi näyttää komealta, mutta sen voi nähdä oikeassa olomuodossaan esimerkiksi katsomalla papin silmälasien läpi. Tällöin tanssilattialla näyttäytyikin iljettävä piru, esimerkiksi nyljetyn hevosen näköinen olento.

Piru saattaa riivata ihmisen menemällä tämän sisään lintuna tai kärpäsenä. Piruksi on nimitetty myös räyhäävää ja mellastavaa voimaa, jonka hevoskaupoissa petetty kauppakumppani tai yösijatta jäänyt pyytäjä on asettanut väärintekijää kiusaamaan.[215] Tällainen piru muistuttaa selvästi kirkonväkeä, joka nostetaan ahdistelemaan esimerkiksi varasta.

Peikkojen ja maahisten tapaan pirujenkin on kerrottu voivan vaihtaa kastamattomia lapsia. Piru jättää vaihdokkaaksi esimerkiksi leppäpölkystä veistämänsä lapsen, joka vain itkee eikä opi mitään. Piru voi myös

125

viedä mukanaan lapsen, jota vanhemmat kiroavat. Kerrotaan, että piru on joskus siepannut lapsen, jota on kuljettanut näkymättömänä tai naamioituna eri taloissa. Taloissa on tehty kiusaa ruoanlaittajille, leipojille ja lypsäjille, jotta nämä olisi saatu kiroamaan, sillä piru ja sen kuljettama lapsi saavat syötäväkseen kirotun ruoan. Ellei talossa kirota, ne joutuvat olemaan nälässä ja jos siunataan, lapsi muuttuu taas näkyväksi ja pirun ote heltiää.

Vaihdettuun lapseen liittyy myös toisentyyppinen tarina. Kertomus alkaa tavallisesti vedonlyönnistä, jonka seurauksena nuori mies menee keskiyöllä saunasta hakemaan kiuaskiveä. Siellä kivi muuttuu tytöksi, joka kertoo pirun vaihtaneen hänet vauvana, ja siitä lähtien hän on odottanut pelastusta. Poika lupaa ottaa tytön vaimokseen ja noutaa tämän sovittuna aikana. Tarinaan liittyy usein myös tytön sijaan jätetyn vaihdokkaan palauttaminen.

Piru auttaa sitä kutsuvaa ihmistä kahdessa kaskua muistuttavassa tarinatyypissä. Toisessa kärryjen kaatuessa tai vastaavan vahingon sattuessa ihminen huokaa, "kun ei pirukaan auta", jolloin pirut ilmestyvät paikalle sanoen, että on kova kiire pahantekoon, esimerkiksi markkinoille tappelua aiheuttamaan, mutta nostavat kärryt kuitenkin pystyyn. Toisessa tarinatyypissä piru nostaa esimerkiksi ojaan pudonneen lehmän todeten, että sitä kuitenkin muuten syytetään. Kansansatujen joukossa on hyvin samantapaisia satuja, mikä osaltaan kertoo luokittelun vaikeudesta.

Kansansatujen paholaiset ja kuolema

Piru on suomalaisten ihmesatujen fantasiahahmoista selvästi suosituin.[216] Kansansadun piru ei välttämättä muistuta lainkaan kristillistä paholaista eikä edes kansanuskomusten pirua, vaikka nämäkin piirteet voivat sadussa näkyä. Kuten uskomustarinoissakin, piru esiintyy myös kansansaduissa yleisesti yliluonnollisen vastustajan roolissa, jolloin toisen kertojan esittämänä sadussa voi sankaria ahdistella piru, toisella on joku muu toimija, esimerkiksi peikko tai jättiläinen.

Kansansaduissa esiintyy ainakin neljänlaisia piruja. Piru voi olla demoninen ryöstäjähirviö, jota voidaan sadussa nimittää myös hiideksi, vuorenpeikoksi tai vain isännäksi. Toinen pirutyyppi on vihamielinen talonisäntä, jolla on viljelyksiä, vaimo ja lapsia (tyttäriä). Kolmas piru asuu helvetissä tai sitä vastaavassa vaikeapääsyisessä paikassa, josta sankari käy hankkimassa jonkin taikaesineen. Lisäksi piru voi sadussakin noutaa itsemurhaajaa tai ihmistä, joka on tehnyt sen kanssa sopimuksen; se voi myös pitää ihmistä vallassaan tai metelöidä, kummitella jossakin.[217] Pirusadut voi jakaa kahteen eri tyyppiin, joista toisissa piru on enemmän tai vähemmän kristillissävytteinen paha, toisissa piru on tyhmä ja helposti huijattavissa oleva olento. Monissa satujen piruissa on piirteitä molemmista tyypeistä.

Kristillissävytteinen piru

Kuten uskomustarinoissa, myös monessa sadussa piru tekee ihmisen kanssa sopimuksen, jossa ihminen saa määräajaksi rikkautta ja menestystä, mutta sopimuksen mukaan lopulta piru saa hänet tai hänen lapsensa. Saduissa pirua tavallisesti huijataan tavalla tai toisella, kun se tulee omaansa hakemaan. Kun piru ei saa ihmistä vietyä määräaikana, se jättää hänet rauhaan ja lähteen harmissaan pois. Joskus piru voitetaan sadussakin kristinuskon avulla, esimerkiksi pysyttelemällä kirkon alttarilla, kun piru tulee hakemaan.[218] Erityisesti seppä voi voittaa pirun taikaesineillä, joilla sielua noutava piru jää kiinni milloin mihinkin ja joutuu antamaan sepälle lisäaikaa, lisää elinvuosia.[219] Piru voi myös esittää arvattavaksi arvoituksia, eikä vie ihmistä, joka tietää vastaukset.[220] Joskus piru tarjoaa noudettavalleen vaihtoehdoksi mukaan lähtemiselle, että tämä pystyy esittämään arvoituksen, johon piru ei osaa vastata.

Joskus piru esiintyy asianajajana, joka puolustaa aiheettomasti syytettyä. Väärin syytetty voittaa jutun, ja piru vie mukanaan sen, joka on esittänyt valheellisia syytöksiä tai väärintoimineen tuomarin, lautamiehen tai todistajan.[221] Ilkeä ja ahne ihminen voi saduissa saada pirulta rangaistuksen ja joutua kuoltuaan pirun hevoseksi.[222] Kengitysseppä huomaa, että oudon miehen kengitettäväksi tuoma hevonen muistuttaa äskettäin kuollutta rikasta miestä, tai pirun rattaita vetävä mies lähettää pojalleen viestin olotilastaan. Pirut voivat myös nylkeä juuri kuolleen rikkaan miehen, joka on kerännyt omaisuutensa vääryydellä.[223]

Sadussa sopimus pirun kanssa voi olla myös toisenlainen. Piru ottaa miehen palvelukseensa määräajaksi, minkä aikana mies ei saa millään tavalla puhdistaa itseään. Määräajan päättyessä mies saa palkakseen suuren summan rahaa, joilla hän maksaa kartanon velat ja saa vaimokseen nuorimman tyttären. Piru saa palkakseen kaksi sielua, kartanon vanhimmat tyttäret, jotka harmissaan hirttäytyvät.[224]

Sadussa piru voi olla varsin inhimillinen:

> Eräältä akalta oli lehmä pudonnut suohon. Hän juoksi kylään pyytämään apua ja sanoi:
> "Piruko se tuon lehmän suohon ajoi!"
> Miehet menivät nuorien kanssa suolle, mutta sillä aikaa oli piru auttanut lehmän kuivalle maalle. Eukko sanoi:
> "Äsken oli lehmä sarviaan myöten suossa, nyt sen Jeesus Kristus pelasti!"
> Silloin piru sanoi:
> "Äsken minua moitittiin siitä, mitä minä en tehnyt, ja nyt Jeesusta Kristusta kiitetään siitä, mitä minä tein. Voi kavala maailma!"
> Ja piru suuttui ja lähti pois maailmasta.[225]

Sadussa piru voi seistä halkokasaa pitelemässä, koska sitä kuitenkin syytettäisiin (siis kirottaisiin), jos kasa kaatuisi.

Pirusatuihin voi liittyä myös pirun asuminen helvetissä, jota saduissa usein nimitetään hiideksi tai hornaksi. Kysymyksessä on vaikeapääsyinen paikka, josta sadun sankari käy noutamassa erilaisia taikaesineitä, esimerkiksi itsekseen jauhavan myllyn.[226]

Sadut tyhmästä paholaisesta

Kansansatujen luokittelussa erotetaan omaksi ryhmäkseen joukko satutyyppejä, jotka on nimetty saduiksi tyhmästä paholaisesta.[227] Nämä

129

sadut itsessään ovat yleensä varsin lyhyitä, mutta niitä on usein kerrottu ketjuttamalla useampia satuja peräkkäin. Näissä erityisesti poikien ja nuorten miesten suosimissa saduissa piru esiintyy huijattavan tai häviäjän roolissa. Saduissa käytetään yleisesti piru-nimitystä, tavallisia ovat myös *paha, pahalainen* ja *pahamies*.[228] Monissa näistä saduista pirun sijasta voisi esiintyä peikko tai jättiläinen ja näin luultavasti alun perin usein ollutkin.[229] Joskus pirun asemassa esiintyy myös nimeämätön isäntä tai pappikin. Toisinaan näissäkin sadussa viitataan piruun myös paholaisena, joka voi viedä ihmisen sielun tai joka kammoaa kirkkoa tai pappia.

Monissa saduissa piru ja mies (usein Matiksi nimetty) toimivat yhteistyössä, mutta samalla keskenään kilpaillen. Kilpailussa palkintona voi olla kulta tai hopea, mutta vedon panttina voi olla henkikin. Kun Matti pestautuu pirun rengiksi, piru antaa hänelle mahdottomia tehtäviä, joista Matti kuitenkin selviytyy oveluudella tai huijaamalla. Renkinä Matti voi olla noudattavinaan pirun ohjeita, mutta samalla polttaa pirun talon, tappaa karjan, joskus pirun vaimon ja lapsetkin. Kun piru käskee Mattia rakentamaan sillan, Matti tappaa pirun lehmät jokeen ja näiden ruumiista muodostuu pirun pyytämä silta.[230] Talon Matti sytyttää tuleen, kun piru haluaa sitä maalattavaksi punaiseksi.[231] Usein pirun ja Matin toimissa on mukana myös vedonlyönti siitä, kumpi saa toisen ensin suuttumaan[232], minkä vuoksi piru antaa Matin jatkaa töitään. Usein piru yrittää lopulta tappaa Matin, jota on alkanut pelätä, mutta Matti arvaa pirun aikeet ja selviytyy.

Toisinaan piru ja Matti ryhtyvät selkeästi kilpailemaan. Piru tai pirun poika haastaa Matin esimerkiksi painimaan, juoksemaan kilpaa tai heittämään kultaista kurikkaa. Matti huijaa pirun painimaan karhun kanssa, jota väittää vanhaksi isäkseen tai pikkuveljekseen.[233] Piru saa aika löylytyksen, mutta Matti vakuuttaa olevansa vielä paljon vahvempi. Juoksukilpailuun Matti tarjoaa vastustajaksi jänistä, jota väittää pikkuveljekseen, ja jänis vilahtaa matkoihinsa paljon pirua nopeammin.[234] Myös kurikanheiton Matti voittaa oveluudella: Heitettävä kurikka (myös moukari, vasara tai puntari) on niin painava, ettei Matti jaksa sitä edes nostaa. Kun piru hoputtaa heittämään, Matti kertoo odottavansa pilven tulevan kohdalle, sillä hän aikoo heittää kurikan pilven päälle. Piru säikähtää ja kieltää isävainajan kurikkaa pilven päälle heittämästä ja myöntää Matin voittajaksi.[235] Muita pirun ja Matin kilpailuja ovat esimerkiksi kiven puristaminen, syöntikilpailu, huutokilpailu ja kilpailu siitä, kumpi saa suuremman kolon puskettua puuhun.[236]

Yleinen pirusatu on myös satu sadon jakamisesta.[237] Matti ja piru viljelevät yhdessä ja jakavat sadon. Kun viljellään viljaa, yläosa eli tähkät kuuluvat Matille ja oljet tai juuret pirulle. Nauriinviljelyssä taas piru saa naatit ja Matti nauriit. Tässä sadussa esiintyy usein toisena toimijana pirun sijaan karhu, ja tutkijat ovatkin pohtineet, kumpi on alkuperäinen. Satu on kansainvälisesti laajalti tunnettu ja Euroopassa piru on selvästi yleisempi.[238] Pirusatuihin on liittynyt myös Odysseuksen retkistä tuttu aihe, jossa mies kertoo pirulle tai jättiläiselle nimekseen Ei-kukaan, Minä-itse, Itse-tein, älä päästä tai jotain vastaavaa. Kun mies tekee pirulle

131

vahinkoa, piru ei saa apua, kun luullaan sen itse aiheuttaneen pii-nansa.[239]

Kuten muissakin kansansaduissa, myös tyhmästä paholaisesta kertovien satujen joukossa on monia, jotka ovat sisällöltään varsin karkeita ja jul-mia. Kertojalta ei heru myötätuntoa esimerkiksi pirun lapsille, jotka Matti teurastaa, saatikka pirulle, jonka osuuden sadosta Matti huijaa ker-ran toisensa jälkeen. Toisaalta vedonlyönnissä ja kilpailussa pirun kanssa on usein ihmisen oma henki panoksena.

Kuolema kansansadun olentona

Suomalaisissa kansansaduissa personoitu kuolema ei ole kovin tavalli-nen, mutta muutamassa saduissa se kuitenkin esiintyy. Kun mies etsii lapselleen kummia, hän ottaa kummiksi Kuoleman, koska tämä kohtelee kaikkia tasapuolisesti.[240] Kuolema antaa miehelle taidon parantaa sai-raita, mutta kieltää parantamasta silloin, kun se seisoo sairaan pääpuo-lessa. Kun mies kerran huijaa Kuolemaa kääntämällä sairaan nopeasti toisin päin, Kuolema haluaa tappaa miehen, mutta tämä viivyttää Kuole-maa kerran toisensa jälkeen kunnes on elänyt kyllikseen.

Legendasatuihin on luokiteltu kaskunomainen satu vanhuksesta, joka huokailee kantamuksensa alla kaipaavansa kuolemaa helpotuksekseen. Kun kuolema ilmestyy paikalle, vanhus pyytää sitä auttamaan taakan pa-remmin selkäänsä.[241] Sama teema toistuu tilanteessa, jossa emännän vaikeroidessa elämän raskautta renki pilailee ja esiintyy kuolemana. Kuolemaa toivonut emäntä kysyy kiireesti, eikö Kuolema leikkiä ymmärrä. Saduissa ihmisen voi noutaa kuolema, mutta myös Luoja, piru tai joskus enkelikin. Legendasatuihin kuuluvassa melko harvinaisessa sadussa enkeli ei haluaisi täyttää Jumalan käskyä tappaa köyhä nainen, joka on juuri synnyttänyt kaksoset. Enkelille näytetään, että äitinsä kuoltua lapset pääsevät rikkaaseen taloon ja heidän käy hyvin.[242]

Fantasian pirut, demonit ja kuolema

Fantasiakirjallisuudessa pirut esiintyvät hyvin harvoin. Kari Hotakaisen romaani *Syntisäkki* (1995) kertoo, miten kristillinen paholainen valmistelee omakseen Juhani Purasta, uskovaisen leskiäidin ainoaa poikaa. Piru toimittaa pojan kuultavaksi rytmikästä ja rietasta musiikkia kunnes Juhani lähtee kotoaan tavoitteenaan laulajan ura Kolkko-Joosepin taiteilijanimellä.

Uudessa käännöskirjallisuudessa esiintyy jonkin verran myös demoneja, jotka eivät ole varsinaisesti paholaisia, vaan saattavat loppujen lopuksi olla varsin sympaattisiakin olentoja. Jonathan Stroud esittelee teoksessaan *Samarkandin amuletti* (2004) dzinnidemoni Bartimeuksen, joka normaalisti elää toisessa ulottuvuudessa. Dzinnit ja muut henkiolennot tulevat ihmisten maailmaan vain pakosta, maagikoiden kutsumina, ja silloin niiden on noudatettava kutsujansa määräyksiä. Henkien kutsuminen on vaarallista: ellei maagikko ole kyllin kyvykäs suojaamaan itseään monimutkaisilla suojataioilla, henkiolento todennäköisesti surmaa kutsujansa. Maagikoiden on kuitenkin kutsuttava demoneita aina silloin tällöin, sillä kaikki magia on demonien hallussa; maagikoiden ainoa kyky

133

on taito kutsua demoneita, vain niiden avulla he saavat käyttöönsä magiaa.

Eoin Colferin *Artemis Fowl* -sarjan teoksessa *Kadonnut siirtokunta* (2007) esitellään demonit, jotka ovat yksi kahdeksasta keijukansan suvuista. Kymmenentuhatta vuotta sitten demonit siirsivät saarensa ajan ulkopuolelle, koska eivät halunneet muuttaa muun keijuväen tapaan maan alle. Siitä lähtien ne ovat olleet eristyksissä muista keijuista. Nuori demoni

> oli suunnilleen saman korkuinen kuin takamuksillaan istuva lammas. Hänen ihonsa oli kuupölyn harmaa ja panssarilaatoista rosoinen. Punaisten riimujen kuvio kiemurteli hänen rinnassaan, kaulassaan ja otsallaan. Hänen silmiensä iirikset olivat kirkkaan oranssit ja hänen leukansa oli ylevän jämäkkä, ainakin hänen omasta mielestään, vaikka muut sanoivatkin sitä esiintyöntyväksi. Kaksi käsivartta, jotka olivat hiukan pidemmät kuin kymmenvuotiaalla ihmislapsella, ja kaksi jalkaa, jotka olivat hiukan lyhyemmät. Sormet ja varpaat: molempia kahdeksan.[243]

Täysikasvuinen demoni on hieman kookkaampi ja hänellä on pitkät, käyrät kynnet ja kaarevat pässinsarvet. Demonien joukossa oli ennen ollut velhoja, mutta ne olivat tuhoutuneet aikaloitsun yhteydessä. Tiedetään kuitenkin, että velhodemoneilla on ollut keijuista suurimmat taikavoimat.

Paholaisen tapaan myös personoitu kuolema on fantasiassa aika harvinainen. Jonkinlaisena olentona näyttäytyvä kuolemahahmo on usein puhumaton ja persoonaton. Esimerkiksi Anni Swanin sadussa "Tyttö ja kuolema" kuolema on äänetön, tumma olento, joka kantaa heikosti lepattavaa lamppua, jossa on kuolevan äidin sielu.

134

Käännösfantasian ehkä tunnetuin esimerkki personoidusta kuolemasta esiintyy Terry Pratchettin humoristiseen ja fantasian kliseitä parodioivaan Kiekkomaailma-sarjaan. Kuolema on keskeinen hahmo Pratchettin teoksissa *Mort* (1994) ja *Viikatemies* (1996). Molemmissa teoksissa Kuolema on selvästi yliluonnollinen entiteetti, joka jossain ajan ulkopuolella valvoo ihmisten elinaikaa mittaavia tiimalaseja ja tulee paikalle maagien, noitien, hallitsijoiden ja muiden erityisten henkilöiden kuolinhetkellä.

Pratchettin Kuolema on kiinnostunut ihmisten elämäntavasta ja jäljittelee sitä esimerkiksi perustamalla puutarhan:

> Kuoleman puutarha oli suuri, siisti ja hyvin hoidettu. Se oli myös hyvin, hyvin musta. Ruoho oli mustaa. Kukat olivat mustia. Mustia omenia pilkotti mustan omenapuun mustien lehtien lomasta. Ilmakin näytti musteelta.[244]

Teoksessa *Mort* Kuolema pestaa ihmispojan oppipojakseen ja lukijat saavat pojan ihmisnäkökulman kautta tutustua Kuolemaan, joka on täysin huumorintajuton ja joka suhtautuu työhönsä hyvin vakavasti. Kuolemalla ei olentonakaan pitäisi olla persoonallisuutta eikä ylipäänsä mitään inhimillisiä piirteitä. *Viikatemies*-teoksessa alkaa Kuolemassa näkyä jonkinlaista ihmisenkaltaista persoonallisuutta jopa siinä määrin, että jumalat/jumaluus alkaa harkita Kuoleman syrjäyttämistä ja uuden voiman asettamista tilalle.

135

V Ihmissusia ja muita muodonmuutoksia

Muodonmuutokset kuuluvat jännittävien kertomusten ikivanhoihin aiheisiin. Jo antiikin tarinoissa kerrottiin, miten ihminen saattoi yhtäkkiä muuttua puuksi (Dafne), kukkaseksi (Narkissos) tai eläimeksi (Io), minkä lisäksi jumalat, varsinkin Zeus, muuttivat itsensä milloin mihinkin muotoon.

Metamorfeista eli muodonmuuttajista varmasti kaikkein tunnetuin on ihmissusi. Ensimmäiseksi ihmissudeksi on joskus nimitetty Arkadian kuningasta Lykaonia, josta kerrotaan kreikkalaisessa ja roomalaisessa tarustossa. Roomalaisessa kertomuksessa Lykaon tarjosi jumalalle ihmislihaa halutessaan testata tämän jumaluutta. Kreikkalaisessa kertomuksessa Lykaonin pojat surmasivat veljensä Nyktimoksen ja tarjosivat jumalalle tämän lihasta tehtyä keittoa. Zeus surmasi pojat salamalla ja herätti Nyktimoksen henkiin. Molemmissa tapauksissa Lykaonin rangaistuksena oli muuttuminen sudeksi. Tarinasta on olemassa monia versioita, sen on kuvannut myös kirjailija Ovidius teoksessaan *Muodonmuutoksia* ajanlaskumme alun tienoilla. Ovidiuksen tekstissä tapahtumien kuvaajana on itse Jupiter, joka selostaa tapahtumia muille jumalille.[245]

Monissa kielissä on käytössä ilmaus ihmissusi (ihminen-susi). Germaanisissa kielissä nimityksen alussa on latinan ihmistä merkitsevästä sanasta *vir* johdettu muoto, ruotsissa *var*- saksassa *wer*-, englannin *were*-, ja loppuosa merkitsee tavallista sutta (*ulv, wolf*). Kreikkalainen susi-ihmistä merkitsevä ilmaisu *lykanthropos*, joka muistuttaa kuningas

Lykaonista, on nykyisin käytössä myös nimenä sairaudelle (lykantropia), jossa potilas kuvittelee olevansa susi tai muuttuvansa sudeksi.

Elokuvissa ihmissudeksi tullaan tavallisesti ihmissuden puremasta, minkä jälkeen purtu muuttuu ihmissudeksi aina täydenkuun aikaan pystymättä sitä estämään. Suomalaisissa uskomustarinoissa useimmiten noita muuttaa jonkun sudeksi joko pysyvästi tai määräajaksi. Saduissa tapahtuu hyvin monenlaisia muodonmuutoksia, mutta sudeksi muuttuminen on melko harvinaista. Kotimaisten kaunokirjallisten ihmissusikertomusten klassikko on Aino Kallaksen vuonna 1928 ilmestynyt Sudenmorsian.

Uskomustarinoiden ihmissusi

Kansanuskomuksissa ihmisen on kuviteltu voivan muuttua tai tulla muutetuksi melkein miksi eläimeksi tahansa. Eri puolilla maailmaa on tunnettu ihmishyeenoita, -majavia, -leijonia, -tiikereitä, -kotkia, -käärmeitä ja monia muitakin ihmiseläimiä. Kaikkein tunnetuin muodonmuutoseläin on kuitenkin susi. Pohjoismaissa suden lisäksi on erityisesti karhu mainittu eläimenä, joksi ihminen voi muuttua.[246] Eurooppalaisessa perinteessä ihmissudet liitettiin usein noituuteen, joten noitaoikeudenkäynneissä syytettyjä syytettiin joskus myös sudeksi muuntautumisesta. Tällaiset tapaukset ovat kuitenkin olleet harvinaisia yksittäistapauksia, tosin Ranskassa ja Virossa ihmissusioikeudenkäyntejä on ollut poikkeuksellisen runsaasti, mikä tarkoittaa noin kolmeakymmentä tapausta suunnilleen sadassa vuodessa.[247] Tarinoita ihmissusista on toki ollut enemmänkin.

Ihmissudet on tunnettu myös suomalaisissa uskomustarinoissa. Suomalaisen Kirjallisuuden Seuran arkistoissa on eri puolelta Suomea noin 350 ihmissusia käsittelevää tarinaa. Tässä aineistossa on kaksi hallitsevaa juonityyppiä, jotka kattavat yli kaksi kolmasosaa kaikista merkinnöistä. Kaikkein yleisin ihmissusikertomuksen tyyppi Suomessa on kertomus susiksi muutetusta hääväestä, jota koskevia muistiinpanoja Suomalaisen Kirjallisuuden Seuran arkistossa on noin puolet kaikista ihmissusimerkinnöistä.

Kärsämäeltä on tallennettu seuraava kertomus tapahtumien kulusta:

> Viron maalla oli ollut häät muutamassa talossa. Häihin oli sattunut tulemaan kerjuu-ukko pojan kanssa. He olivat anoneet ruokaa, mutta heille ei ollut sitä annettu. Nälissään olivat he menneet saunaan makaamaan. Tämä oli käynyt niin ukon luonnolle, että hän oli kironnut koko hääväen ja laittanut sitten poikansa katsomaan, mitä se teki. "Ne olivat parhaillaan syömässä", poika sanoi palattuaan. Isä oli laittanut pojan vähän ajan kuluttua uudelleen katsomaan, mitä ne tekivät. Ne olivat olleet toisiinsa katsomassa. Vähän ajan perästä isä oli laittanut pojan kolmannen kerran katsomaan, mitä ne tekivät. Silloin ne olivat muuttuneet susiksi ja hyppivät seinille. Ukko ja poika olivat ajaneet susiksi muuttuneet häävieraat ulos ja siten päässeet itse syömään hääruokia.[248]

Suomalaisissa uskomustarinoissa hääväen muuttaa susiksi useimmiten kerjäläinen tai muu hääpitojen antimista osattomaksi jäänyt. Häiden viettopaikka on kertomuksissa usein nimeämätön, mutta joskus häät on kerrottu pidetyn Viron lisäksi esimerkiksi "Karjalan mailla" tai "eräässä pitäjässä Turun läänissä". Tästä on jälkiä vielä nykyäänkin, esimerkiksi

Turun lähellä Mynämäessä on Häävuori-niminen paikka, jossa hääväki on tarinan mukaan muutettu susiksi. Tarina susiksi muutetusta hääväestä tunnetaan myös Ruotsissa ja Virossa. Muuttaja on usein kiertelevä muukalainen, joka voi Ruotsissa olla suomalainen tai lappalainen, Virossa venäläinen tai latvialainen.

Toisinaan muuttaja tai muuttamiseen pystyvän noidan palkkaaja on myös toiveissaan pettynyt sulhasehdokas tai tulevaan miniäänsä tyytymätön anoppi. Tällöin muutoksen kohteena saattoi olla pelkästään morsian tai hääpari. Kun hääväki on muutettu susiksi, susilauma lähtee vaeltamaan metsiin. Joissakin tarinoissa on onnellinen loppu, kun on löydetty kyllin voimallinen noita purkamaan toisen asettaman kirouksen. Usein kuitenkin hääväki jää susiksi ja joutuu kiertelemään susina vuosia, ehkä lopun elämäänsä.

Toisessa Suomessa yleisessä tarinatyypissä noita muuttaa varkaan sudeksi. Tämä tyyppi esiintyy noin sadassa Suomalaisen Kirjallisuuden Seuran arkistomuistiinpanossa. Tarina liitetään toisinaan Loimaalla asuneeseen kuuluisaan noitaan, Rättäkittiin:

> Vanhan Pytyn isäntä oli pojalleen luonnottoman kova, vaati poikaa vain ankarasti työtä tekemään eikä antanut hänelle edes mitään kunnollisia vaatteita teettää. Surkutellen poikaansa neuvoi äiti poikaa viimein ottamaan salaa isän rahoja ja toimittamaan itselleen vaatteet. Poika ottikin isältä salaa rahoja. Mutta kun isä havaitsi, että häneltä oli rahoja otettu, hän meni Rättäkitin luo ja pyysi, että Rättäkitti noituisi hänen rahainsa ottajan sudeksi. "Mutta", sanoi Rättäkitti, "jos se olisi joku sellainen, jolle ette soisi niin käyvän? Jos se olisi esimerkiksi teidän oma poikanne?" – "Olkoon kuka hyvänsä", oli vastaus. "Se on helppo tehtävä", sanoi Rättäkitti, "jos vain rahain ottaja on sellainen, jolla ei ole tapana siunata itseään. Vaan jos hän itsensä siunaa, sitten

se on vaikeampi. Mutta tarvitsee kumminkin olla jokin määräaika, kuinka kauan sen pitää sutena olla." – "Olkoon kumminkin vuosi", vastasi Vanha Pytty.[249]

Tähän tyyppiin liittyy usein tietty aika, jonka noiduttu joutuu sutena viettämään. Kun ihminen oli muutettu sudeksi määräaikaisesti, susi muuttui takaisin ihmiseksi tämän ajan kuluttua ilman sen kummempia toimenpiteitä. Ihmissuden kerrottiin myös muuttuvan takaisin ihmiseksi, mikäli joku tarjosi ihmissudelle ihmisten ruokaa, esimerkiksi leipää, tai jos sitä kutsuttiin tämän ihmisen omalla nimellä. Myös noitujan kuoleman arveltiin vapauttavan ihmissuden. Ihmissusitarinoihin liittyy joskus kuvaus siitä, miten sudesta takaisin ihmiseksi muuttuneelle jää ihmisruumiiseensakin jäljelle jokin "eläimellinen" merkki, kuten käden tai jalan sijalla säilynyt suden käpälä, mutta kaikkein tavallisimmin on jäljelle jäänyt häntä. Todisteena voidaan mainita tällaisen henkilön oma tuoli, johon on tehty reikä häntää varten.

Ihmissuden olemus

Kuvaukset ihmissuden vaarallisuudesta vaihtelevat suuresti. Sudenhahmoon muutettua ihmistä on voitu pitää seitsemän kertaa pahempana kuin tavallista sutta ja jopa toisten susien kerrotaan pelänneen ihmissutta. Toisaalta on myös kerrottu, ettei ihmissusi ole lainkaan vaarallinen, ja että ihmissusien piti olla varovaisia tavallisten susien suhteen. Nämä nimittäin tarinoiden mukaan pystyivät tunnistamaan ihmissudet ihmisiksi hajun tai vedessä näkyvän kuvajaisen perusteella ja ne tappoivat lauman liepeillä liikkuvan ihmissuden armotta.[250]

Joskus ihmissusi liikuskeli kotinsa liepeillä. Muutamissa tarinoissa kerrotaan, miten joku perheenjäsen, usein äiti, aavisti kysymyksessä olevan ihmissuden, kun pihapiirin lähellä liikuskeli yksinäinen susi. Hän kutsui sitä sen ihmisnimellä ja tarjosi sille ihmisruokaa, tavallisesti leipää, jolloin susi muuttui takaisin ihmiseksi, vuosia poissaolleeksi perheenjäseneksi. Tarinaan liittyy usein sellainen piirre, että sutena ollut kertoo olleensa niin nälissään, että hän olisi saattanut kohta hyökätä äitinsä kimppuun, ellei olisi muuttunut ihmiseksi.

Ihmissudella on toisinaan kerrottu olevan joitakin erityistuntomerkkejä, joista sen voi erottaa tavallisesta sudesta. Erityisesti hääväen susiksi muuttamisen yhteydessä on kerrottu ihmissusilla olevan valkea raita kaulassa morsiusparin tai papin tuntomerkkinä. Susi saattoi myös näyttää aivan tavalliselta, mutta kuollutta sutta nyljettäessä nahan alta saattoi yllättäen löytyä jokin ihmisvaruste, kuten linkkuveitsi, kukkaro tai jokin vaatekappale, mikä osoitti kysymyksessä olleen ihmissuden.[251] Lapissa on 1800-luvulla kerrottu myös sudesta, jolla oli kello kaulassa.[252]

Toisinaan kansanperinteen kuvaukset ihmissusista ovat myös melko humoristisia. Ihmissuden on esimerkiksi toisinaan ajateltu muistuttavan konttausasentoon asettuvaa ihmistä. Tällöin ihmissusi on kuvattu kolmijalkaiseksi: ihmisen raajoista kolme on toiminut suden käpälinä, neljäs häntänä.[253] Tällöin myös ihmissuden takapää on korkeampi kuin sen etupää. Suomessa on myös kerrottu ihmissuden jalkojen olevan polvien

kohdalta aivan suorat. Sillä voi myös olla enemmän varpaita kuin taval-
lisella sudella. Eräänä ihmissuden tuntomerkkinä on mainittu, että sen
silmät alkavat vuotaa vettä ihmisen läheisyydessä.[254]

Suomalaisessa kansanperinteessä ihmissuden purema ei aiheuta ihmis-
sudeksi tuloa eikä tunneta tarinoita ihmisistä, jotka muuttuisivat aina
täysikuulla susiksi ja palautuvat myöhemmin itsekseen ihmishahmoon.
Sen sijaan suomalaisissa uskomustarinoissa on jonkun verran kerto-
muksia noidista, jotka osasivat halutessaan muuttaa itsensä sudeksi (tai
joksikin muuksi eläimeksi) ja taas takaisin ihmiseksi. Eläimeksi muuttu-
misen taito on usein liitetty erityisen kuuluisaan noitaan tai tunnettuun
rikolliseen. Lapissa on kerrottu tarinoita mahtimiehistä, kuten Stuorra-
Jouni, jotka osasivat muuttaa itsensä sudeksi ja taas takaisin ihmiseksi.
Sutena Storra-Jouni saattoi raadella poroja ja saada metsämiehet kan-
noilleen, mutta suden kestävyydellä ja nopeudella hän pystyi myös juok-
semaan väsymättä tavattoman pitkiä matkoja.[255] Noidat osasivat muut-
taa itsensä muiksikin eläimiksi, mutta tavallisesti ainoastaan yhden-
laiseksi eläimeksi. Esimerkiksi Sika-Kyöstin, Varsinais-Suomessa 1800-
luvun alussa eläneen rikollisen, kerrotaan osanneen monenlaisia taika-
konsteja ja myös pystyneen muuttamaan itsensä siaksi virkavaltaa hä-
mätäkseen. Samoista henkilöistä voidaan kuitenkin myös kertoa, että he
tarvittaessa pystyvät näyttämään kannoilta tai puupölkyiltä tai jopa
muuttumaan näkymättömiksi.

Suomessa ihmissutta on nimitetty myös *vironsudeksi*. Tutkijat eivät ole
olleet aivan yksimielisiä siitä, liittyykö nimitys ajatukseen Virosta ihmis-
susien erityisenä kotipaikkana vai onko se mahdollisesti yhteydessä

142

ruotsin ja saksan kielen ihmissusi-nimityksiin, joiden ihmistä tarkoittava alkuosa var-, wir- olisi kansan suussa muuntunut Viroksi. Joka tapauksessa Virosta on melko paljon tietoja ihmissusiuskomuksista. Kun Suomessa itsensä osasivat muuttaa sudeksi vain erityiset mahtinoidat, Virossa kerrottiin tavallistenkin ihmisten voivan tietyin keinoin tarvittaessa muuttaa itsensä sudeksi ja takaisin ihmiseksi. Ihmissudeksi muuttuminen tapahtui suorittamalla määrättyjä muuttamistoimenpiteitä, esimerkiksi tekemällä tietty määrä kuperkeikkoja tai kiertämällä uunia tai kiveä määrätyllä tavalla. Muuttumisessa saatettiin käyttää myös apuvälineitä, kuten sudennahkaa, sudenvyötä tai olkisidettä. Ihmissudeksi muuttumiseen saattoi kuulua myös tiettyjä lukuja. Tällainen sudenloitsu oli esimerkiksi seuraava:

Niuh-nauh nahk selgä ('nahka selkään')
kiuh-kauh karva pääle ('karvat päälle')
liuh-lauh lal´a ala ('jalat alle')
siuh-sauh saba taga ('häntä taakse')
kiuh-kõuh kõrva külgi ('korvat kylkiin')
hiuh-hauh hamba suhu ('hampaat suuhun')
hih-huh hunt valmis ('susi valmis').[256]

Takaisin ihmiseksi muututtaessa suden osat poistettiin tai kuperkeikat ja kierrokset tehtiin päinvastaisessa järjestyksessä.

Virolaisen tarinan mukaan kerran sattui, että renki huomasi emännän muuttautuvan sudeksi ja hankkivan näin lihaa taloon. Renki painoi mieleensä, miten muutos saatiin aikaan ja kokeili sitä itse. Takaisin muuttuessaan hän kuitenkin unohti poistaa hännän, ja niin hänelle jäi häntä takapuoleen ihmishahmossa ollessaankin. Emäntä sen sijaan ei enää koskaan saanut häntää sudenolemukseensa, vaan joutui siitä lähtien juoksemaan hännättömänä sutena.[257]

Muita muodonmuutoksia

Erilaisten yliluonnollisten olentojen on uskomustarinoissa kerrottu voivan näyttäytyä monessa eri muodossa. Erityisesti piru on pystynyt muuttumaan minkälaiseksi tahansa, yhtä hyvin eläimeksi kuin ihmiseksi. Myös haltiat ovat näyttäytyneet monenlaisina. Varsinkin vedenhaltia on ollut hyvin taitava muuttamaan muotoaan silloin, kun se on yrittänyt houkutella ihmisiä hukutettavakseen.

Hyvin yleisiä muodonmuutoksia uskomustarinoissa ovat sellaiset, joissa yliluonnolliselta olennolta saatu tavara muuttuu toisenlaiseksi. Peikkojen ruoka voi näyttää herkulliselta, mutta paljastua vastenmieliseksi. Saadut tai löydetyt rikkaudet voivat osoittautua arvottomiksi. Toisinaan tähän liittyy kristillinen näkökulma: yliluonnollisten olentojen ruoan tai aarteiden todellinen olemus paljastuu, kun siunataan tai rukoillaan, tai kun saadut aarteet laitetaan yöksi Raamatun tai virsikirjan päälle. Muutos tapahtuu joskus myös toisin päin, ja mitättömän tuntuinen palkkio onkin kotona muuttunut arvokkaaksi. Esimerkiksi Lapissa on kerrottu, miten nainen auttoi maahista synnytyksessä ja sai palkakseen esiliinan täyteen hiiliä, jotka hän kotona heitti tulisijaan. Aamulla, kun hänen miehensä nousi laittamaan hellaan tulta, hän löysi sieltä kasan hopearahoja.[258]

144

Kansansatujen muodonmuutoksia

Kansansaduissa muodonmuutokset ovat hyvin tavallisia, suorastaan jo-kapäiväisiä. Satu "Oksaton laiva" alkaa: "Eräs kuninkaanpoika oli kerran muuttunut koiraksi ja joutunut kauas ulkomaille johonkin kaupun-kiin."[259] Muuttajaa ja muuttamisen syytä ei kerrota, ilmeisesti jotenkin osallisina ovat olleet kaksi valeprinsessaa, joilta myöhemmin siepataan neulomatyyny ja sakset, minkä jälkeen koira hyppää kotilinnansa laitu-rille, muuttuu takaisin ihmiseksi ja palkitsee auttajansa.

Usein sadun muodonmuutoksessa on kysymys nimenomaan eläimeksi muutetusta ihmisestä. Miespuolinen sankari voi saada puolisokseen kauniin ja rikkaan neidon, jonka tapaa ensin eläimen muodossa. Tyttö voi olla esimerkiksi loihdittuna hiireksi tai linnuksi[260] tai hän voi olla yli-luonnollista alkuperää, kuten joutsenneito, joka riisuu lintupukunsa ja muuttuu kauniiksi naiseksi.[261]

Erityisesti naispuolinen sankari voi pelastaa eläimeksi muutetun myös kärsivällisellä uhrautumisella. Kun tytön seitsemän tai kaksitoista veljeä muuttuu joutseniksi tai muiksi eläimiksi, ja sisar vapauttaa heidät lu-mouksesta itse kutomillaan paidoilla, joiden tekemisen aikana ei saa pu-hua.[262] Samoin naispuolinen sankari voi rikkoa lumouksen myös rakkau-della, kuten tapahtuu sadussa "Kaunotar ja hirviö".[263]

Sadussa "Petollinen sisar" sankarilla on auttajana eläimiä, esimerkiksi ja-lopeura, karhu ja orava, jotka pyytävät lopuksi sankaria lyömään niiden päät poikki. Sankari vastustelee, mutta tekee sen lopulta. Eläimet muut-tuvat takaisin ihmishahmoihinsa; he ovat sankarin puolisoksi tulevan

145

prinsessan kolme veljeä, jotka on muutettu eläimiksi.[264] Läheskään aina muuttamisessa ei tarvita voimakasta noitaa, vaan tällaisia taitoja voi olla melkein kenellä tahansa. Esimerkiksi sadussa "Koiraksi lumottu mies" uskoton vaimo muuttaa paljastuttuaan miehensä koiraksi ja ajaa tämän nälällä kotoa. Miehen palatessa vuosien kuluttua koirana takaisin kotiinsa vaimo muuttaa hänet vielä linnuksi.[265]

Joskus sankari pystyy itse muuttamaan itsensä toiseen muotoon esimerkiksi taikaesineiden avulla. "Noidan oppipoika" -tyyppiseen satuun kuuluu tavallisesti myös muuntautumistaistelu, jossa noita ja hänen oppipoikansa taistelevat erilaisten eläinten hahmossa muuttuen kumpikin useita kertoja.[266]

Sudeksi muuttuminen on kansansaduissa melko harvinaista. Väärin syytetty tai noidan tyttären tieltä syrjäytetty vaimo voi muuttua eläimeksi, joka riisuu yltään eläimennahan ja muuttuu ihmiseksi käydessään lastaan imettämässä. Suomessa tyttö muuttuu useimmiten peuraksi, joskus myös sudeksi tai linnuksi.[267] Satu on ollut hyvin suosittu myös Virossa, ja siellä tyttö on muutettu usein nimenomaan sudeksi.[268]

Muodonmuutoksessa voidaan myös vaihtaa kahden henkilön ulkonäköä, niin että heitä luullaan toisikseen. Syöjätär houkuttelee tytön sylkemään silmilleen samalla kun hän sylkee tytön silmille ja sanoo "Sinun näkösi minulle, minun näköni sinulle!"[269] Tytön näköisenä Syöjätär menee tytön veljien luokse, jotka eivät huomaa eroa. Tyttö otetaan paimeneksi, ja kun Syöjätär ottaa häneltä myös kielen ja mielen, hän ei pysty ilmaisemaan veljilleen mitään tapahtuneesta.

146

Myös esineet muuttuvat saduissa helposti toisiksi. Uskomustarinoissakin yliluonnolliselta olennolta saadut rikkaudet voivat muuttua arvottomiksi tai päinvastoin, jolloin esimerkiksi palkaksi saadut kuivat lehdet voivat kotona osoittautua kultarahoiksi. Alun "Oksaton laiva" -esimerkissä laiva lastattiin täyteen höylänlastuja, lastia kiellettiin katsomasta matkan aikana, ja perillä laiva oli täynnä kultaa.[270] "Ihmeellinen pako"[271] esiintyy usein pitemmän sadun osana. Siinä sankaria tai sankariparia ajaa takaa piru, noita tai jommankumman vanhempi (joka voi silti olla piru tai noita). Pakomatkalla heitetään taakse esineitä, jotka muuttuvat esteiksi. Kysymyksessä voi olla harja tai keppi, joka muuttuu metsäksi, kivi, joka muuttuu vuoreksi, tai vesitilkka, joka muuttuu järveksi. Yleensä esteitä on kolme, joista vasta viimeinen lopullisesti pysäyttää takaa-ajajan.

Muodonmuutoksia fantasiassa

Muodonmuutokset olivat tavallisia jo antiikin tarinoissa. Todennäköisesti kansanperinteestä peräisin oleva ihmissusikuvaus sisältyy Petronius Arbiterin *Satyricon*-teokseen, joka on kirjoitettu ensimmäisellä vuosisadalla ajanlaskumme alkamisen jälkeen. Kertoja kuvasi lähteneensä toisen miehen seurassa aamuyöllä kohti läheistä maatilaa. Kaupungin ulkopuolella hänen matkakumppaninsa riisuutui, suojasi vaatteensa kehään ja juoksi sutena tiehensä. Kertoja kiiruhti säikähtäneenä määränpäähänsä ja kuuli siellä aamulla suden raadelleen yöllä lampaita. Sutta oli onnistuttu haavoittamaan kaulaan, mutta se oli päässyt pakenemaan.

147

Kotiin palattuaan mies sai kuulla, että hänen matkakumppaniaan hoidettiin kaulassa olevan haavan takia.[272]

Maailmankirjallisuudessa metamorfoosiaihe on ollut yleinen tämän jälkeenkin, erityisesti susiksi muuttuvista ihmisistä on kirjoitettu romanttisia ja jännittäviä kertomuksia jo keskiajalla. Myös goottilaisessa kauhuromantiikassa 1800-luvulla ihmissusi kuului suosittuihin aiheisiin.[273] Muodonmuutos voi myös olla outo ja selittämätön, kuten Franz Kafkan (1883–1924) tunnetussa novellissa: "Kun Gregor Samsa eräänä aamuna heräsi levottomista unista, huomasi hän muuttuneensa vuoteessa suunnattomaksi syöpäläiseksi."[274]

Suomalaisessa kirjallisuudessa muodonmuutokset ovat olleet viime vuosikymmeniin saakka varsin harvinaisia. Aihetta ovat kotimaisessa kirjallisuudessa käsitelleet lähinnä Aino Kallas romaanissa *Sudenmorsian* (1928) ja Pentti Holappa novellikokoelmassa *Muodonmuutoksia* (1959).[275] Viime aikoina muodonmuutokset ovat kuitenkin selvästi yleistyneet; uudessa kotimaisessa fantasiakirjallisuudessa tapahtuu erittäin paljon muodonmuutoksia ja ihmissusia esiintyy suorastaan yllättävän usein.

Aino Kallas: *Sudenmorsian*

Aino Kallaksen *Sudenmorsian* on noin satasivuinen pienoisromaani, joka ilmestyi ensimmäisen kerran vuonna 1928. Teoksen tapahtumat sijoittuvat Viroon, 1650-luvun Hiidenmaalle. Päähenkilönä on nuori nainen nimeltä Aalo. Metsänvartija Priidik viehättyy nuoreen Aaloon, he

148

menevät naimisiin ja lapsikin syntyy. Aalo on kuitenkin levoton, ja lopulta Metsän Henki viettelee hänet muuttumaan sudeksi. Aino Kallas kuvaa riemua, jota Aalo sutena tunsi: "Vaan ei vielä ikänä ihmisen hahmossa ollut hänen verissänsä kuplinut niin kultainen riemu ja vapauden autuus kuin nyt, koska hän ihmissutena suolla juoksi."[276] Aluksi Aalo on päivisin naisena ja karkaa öisin sutena metsiin. Jonkin ajan kuluttua Priidik saa salaisuuden selville ja ajaa Aalon kokonaan metsiin. Kun Aalo palaa ihmishahmoisena kotiinsa synnyttämään toista lastaan, kyläläiset polttavat hänet lapsisaunaan. Aivan lopullisesti Aalo tulee surmatuksi, kun tuskainen Priidik ampuu hopealuodilla suden, jossa uskoo ja pelkää vaimonsa sielun vielä asuvan.

Sudenmorsian syntyi tavallaan aivan toisen teoksen vanavedessä. Kallas suunnitteli pitkään kirjoittavansa rosvoparoni Hiiu Ungurista romaania tai runoelmaa, ja Aalo-neito oli sijoitettuna kertomukseen rakkaustarinan toisena osapuolena. Kallas kirjoitti tätä teosta varten monia tuon ajan elämään liittyviä kohtauksia, joita hän sitten käytti *Sudenmorsiamessa*. Ihmissusi-motiivi tuli kuitenkin mukaan vasta myöhemmin. Hiiu Ungur jäi Kallakselta kirjoittamatta, vaikka hän palasi aiheeseen uudelleen vielä *Sudenmorsiamen* ilmestymisen jälkeen.[277]

Sudenmorsianta kirjoittaessaan Aino Kallas tutustui perusteellisesti ihmissusia koskevaan eurooppalaiseen kansanperinteeseen ja muuhun tausta-aineistoon. Hän sai paljon tietoja veljeltään Kaarle Krohnilta, joka oli kansanrunoudentutkimuksen professori, mutta hän oli myös yhteydessä useisiin muiden maiden kansanperinteen tutkijoihin, joiden yhteystietoja hän sai veljeltään. Kallaksella oli käytössään runsaasti

149

ihmissusia käsittelevää kirjallisuutta, joista osaan hän oli tutustunut jo aikaisemmin ja osan hän hankki tätä työtä varten. Lisätietoja hän hankki vanhoista virolaisista kansankuvauksista ja noitaoikeudenkäyntien pöytäkirjoista. Aino Kallas tunsi myös August Kitzbergin vuonna 1912 Tartossa ilmestyneen näytelmän *Libahunt* (Ihmissusi), sillä hän oli mukana palkintolautakunnassa, jossa näytelmä palkittiin vuonna 1913. Kallas jopa suunnitteli suomentavansa kyseisen näytelmän. Kitzbergin näytelmä ja sitä edeltänyt novelli ehkä virittivät Kallaksen mielenkiintoa ihmissusi-aiheeseen, mutta niitä ei kuitenkaan varsinaisesti pidetä *Sudenmorsiamen* esikuvina.

Kallas on nivonut tekstiinsä runsaasti kansanuskomuksista tuttuja piirteitä, jotka ovat osa kertomuksen henkilöiden tavallista elämänpiiriä. Aalo muuttuu ensimmäisen kerran sudeksi juhannusyönä, ja ennen ensimmäistä muodonmuutostaan hän löytää sananjalan kukan (uskomustarinoissa sananjalka kukkii juhannusyönä), ja muuttuu sudeksi sudennahan avulla. Kun sutta on yöllä ammuttu, Aalo nilkuttaa jalkaansa ihmisenä. Kyläläiset arvelevat nähtyä sutta Aaloksi, koska sillä on vaalea laikku rinnassa samalla kohtaa kuin Aalolla tavallisesti on ollut hopeasolki. Suden näkijät tietävät, että ihmissusi voi muuttua takaisin ihmiseksi, jos se saa ihmiseltä leipää, joten tarjoavat sudelle leipää veitsen kärjestä, mutta susi katoaa metsään vieden sekä leivän että veitsen mennessään. Kun Priidik heittää suden yli rautaa ja kutsuu Aaloa hänen omalla nimellään, Aalo muuttuu ihmismuotoon. Priidik tietää, että vain hopealuoti voi tappaa ihmissuden, joten hän valmistaa luodin Aaloa varten.

150

Sudenmorsiamen Aalo juoksee suolla sutena, mutta ei unohda lastaan, vaan kyselee paimenelta lapsensa vointia ja lähettää tälle leluksi nauhan, johon on pujotettu sudenhampaita. Aalo käy myös kotonaan imettämässä lasta öisin. Myös saduista tunnetaan motiivi eläimeksi muutetusta tytöstä, joka riisuu yltään eläimennahan ja muuttuu ihmiseksi käydessään imettämässä lastaan. Suomesta kerätyissä toisinnoissa tyttö on tavallisimmin muutettu peuraksi, toisinaan myös sudeksi tai linnuksi. Satu on ollut tunnettu ja suosittu myös Virossa.

Aino Kallaksen *Sudenmorsianta* on perinteisesti luettu kirjailijan henkilöhahmon kautta kertomuksena kielletystä rakkaudesta eli Kallaksen suhteesta Eino Leinoon.[278] Uudemmissa tutkimuksissa Aalon hahmoa on tulkittu 20-luvun "uuden naisen" tai naistaiteilijan näkökulmasta.[279] Sudeksi muuttumisessa on nähty naisen vapaudentavoittelun ja -kaipuun kuvausta: muodonmuutos on Aalon ainoa keino vapautua perinteisestä naisenroolista.

Muita suomalaisia ihmissusia

Muodonmuutokset ovat melko yleisiä 1990- ja 2000-luvun kotimaisessa fantasiassa, ihmissusiakin esiintyy suorastaan hämmästyttävän paljon. Risto Karlssonin romaanissa *Suomalainen ihmissusi* (1990) sudeksi muuttuminen tapahtuu muutosloitsulla, jonka Elias Lönnrot on aikanaan tallentanut Arhippa Perttuselta luvaten pitää sen salassa. Romaanin päähenkilö Arvo löytää piilotetut muistiinpanot vuosisataa myöhemmin purkaessaan Lönnrotin vanhaa kotitaloa. Arvo kokeilee loitsua ja huomaa sen toimivan.

Ensimmäisellä kerralla muuntautuminen vaatii valmisteluja. Loitsua luettaessa tarvitaan nuotio, jossa on poltettava monenlaisia tarvikkeita, mm. karhun karvaa, ketun korvat ja pöllön kynnet. Alkuloitsun tehtyään Arvo pystyy myöhemmin muuttumaan sudeksi nopeasti pelkän loitsutekstin lukemisen avulla. Takaisin ihmiseksi hän muuttuu polkemalla maata vasemmalla jalallaan kolme kertaa.

Kooltaan ihmissusi on selvästi tavallista sutta isompi, mutta muuten suden näköinen. Ihmissutenakin Arvo säilyttää täydellisesti ihmisen mielen ja ajatukset eikä tunne erityistä himoa hyökätä sen paremmin ihmisten kuin eläintenkään kimppuun. Valtavan iso susi herättää pelkoa sen tai sen jäljet nähneissä ihmisissä, mutta Arvon oma lemmikkisika ei pelkää ihmissutta ellei se ulvo.

Sari Peltoniemen nuortenromaanissa *Kummat* (2003) metamorfoosi on keskeinen motiivi, vaikka selkeää muodonmuutosta ei oikeastaan tapahdu. Teoksen päähenkilönä on lukiolaistyttö Maarit, jonka ruumiissa alkaa tapahtua jotain aivan kummallista: takapuoleen ilmestyneestä pahkurasta kasvaa puolimetrinen häntä. Tapahtumat kerrotaan Maaritin kautta, mutta samassa tilanteessa on muitakin: häntä on kasvanut samaan aikaan myös kuudelle muulle Maaritin luokan oppilaalle. Myöhemmin Maaritille ja muille hännäkkäille nuorille alkaa aina täydenkuun aikaan kasvaa karvapeitettä ympäri vartaloa. Karvoituksen määrä lisääntyy kuukausi kuukaudelta ja he alkavat pelätä muuttuvansa ihmissusiksi.

Maaritin häntä oli "vaaleanruskea ja hienon karvan peittämä. Se ylsi vähän polvien alapuolelle. Siinä oli tummemmanruskeita pilkkuja ja pieni, villava tupsu."[280] Muiden hännät ovat samantapaisia, vaikka jokaisessa on omat erityispiirteensä. Maaritille ja hänen ystävilleen kasvaneet hännät eivät siis muistuta paljoakaan suden häntää, vaan voisivat hyvinkin olla esimerkiksi peikon häntiä. Nuoret pelkäävät kuitenkin muuttuvansa nimenomaan ihmissusiksi eivätkä vaikkapa peikoiksi. Metamorfoosi sudeksi on tuttu monesta yhteydestä, kun taas peikot ovat toisenlaisia olentoja, eikä peikoksi ole kerrottu tultavan muodonmuutoksen kautta.

Jukka Parkkisen teoksessa *Vanhan kulttuurin kurssi* (1996) ja Anu Holopaisen nuortenromaanissa *Sinisilmä* (2001) sudeksi muuttuminen on päähenkilön erityiskyky, joka liittyy šamaanin taitoihin. Parkkisen teos sijoittuu lähitulevaisuuteen, jossa päähenkilö Anders Jussa on yliopistoopiskelija Anaren kaupungissa Uudessa-Australiassa. Ande tutustuu omaan suteensa opiskellessaan šamaanin taitoja vanhalta mieheltä, jota avustamaan hänet on määrätty. Hän tavoittelee sutta harkitusti kokeneemman šamaanin ohjauksessa ja avustuksella.

Ande toisti äijän liikkeet niin hyvin kuin muisti. Kun alkutanssi oli tehty, hän seisoi jännittyneenä kasvot kohti itää ja odotti rummun ensimmäisiä kumahduksia. Ne alkoivat harvoina ja jatkuivat samanlaisina, melkein monotonisina. Ande liikkui hitaasti tanssien pitkin kotakenttää. Vähään aikaan ei tuntunut tapahtuvan mitään, sitten hän vaistosi suden. Tunne oli kuin lyönti rintaan. Hän antoi eläimen tunkeutua itseensä. Hän paljasti ikenensä ja murisi, nosti päätään kohti taivasta ja ulvoi. Rummun rytmi kiihtyi ja Ande tanssi yhä nopeammin ja nopeammin. Hänessä oli susi, hän itse oli susi. Villi riemu purkautui haukkuna.[281]

153

Holopaisen päähenkilö Katinna puolestaan elää kaukaiseen menneisyyteen kuuluvassa fantasiamaailmassa. Katinnan elämässä susi on ollut mukana kauan, jo paljon ennen kuin hän itse oikein ymmärsi, mistä oli kysymys. Kun hän pääsee šamaanioppilaaksi, hän oppii vähitellen itse kontrolloimaan sudeksi muuttumistaan.

Istuskeltuaan aikansa Katinna ulvahti haikeasti ja nousi seisomaan. Hän ravisti turkkiaan ihan vain jotakin tehdäkseen ja oivalsi olevansa nälkäinen. Koskaan aikaisemmin hän ei ollut tosissaan kuvitellut antavansa sudelle niin paljon periksi että tappaisi ja söisi jonkin metsäneläimen raakana, mutta nyt suolien vaativa kurina näytti asian aivan uudessa valossa. [---] löysi melkein saman tien pulskan siiselin tonkimasta erään kiven juurelta. Turhia miettimättä Katinna loikkasi ilmaan ja rysäytti etutassuillaan koko painonsa siiseliparan päälle. Elukka vingahti kerran ja heitti henkensä saman tien. Varmuuden (ja vähän huvinkin) vuoksi Katinna heitti raadon ilmaan muutaman kerran ja alkoi sitten sahata siitä paloja poskihampaidensa terävillä reunoilla. Isommat karvatukot hän ripotteli suustaan sivummalle, mutta ei muuten ryhtynyt nirsoilemaan. Hän söi koko siiselin, rouskutellen pienet luut vahvoilla hampaillaan ja vaientaen mielestään inhimillisen inhon raa'an elukan syömistä kohtaan.[282]

Katinna säilyttää tavallisesti sutenakin jonkinlaisen käsityksen omasta ihmisyydestään. Sekä Anden että Katinnan kohdalla heidän toimintaansa šamaanina kuuluu myös liikkuminen sutena henkimaailmassa.

Toisentyyppinen sudeksi muuttuminen tapahtuu Tuula Rotkon romaanissa *Susi ja surupukuinen nainen* (1998) sekä Päivi Alasalmen teoksessa *Metsäläiset* (2000). Molemmissa petetty ja huonosti kohdeltu nainen muuttuu sudeksi, tappaa ja lopulta surmataan sutena.

Tuula Rotkon romaanissa taidemaalari Raakel ja hänen huilistimiehensä Antti ovat muuttaneet syrjäiseen saaristokylään. Pari on toivonut lapsia, mutta Raakel on todettu hedelmättömäksi. Antti ihastuu nuoreen sellistiin, joka alkaa odottaa hänelle lasta. Antin uskottomuus satuttaa Raakelia, mutta tytön raskaus on vielä pahempi asia. Raakel on juuri maalannut tauluunsa suden. Hän tuntee suden aina olleen jotenkin hänen lähellään, ja nyt hän antaa sille vallan. Suden hahmossa Raakel kiiruhtaa Antin ystävättären mökille ja raatelee tämän kuoliaaksi. Raakel yrittää sutena käydä myös miehensä kimppuun, mutta tämä saa potkittua suden pois ja suljettua oven. Raakel on huojentunut: "en halunnut vahingoittaa häntä, en vain voinut estää suden tekoja enkä sanoutua niistä irti. Tahtoni oli sidottu sen tahtoon."[283] Saaren tappajasutta jäljitetään ja lopulta se ammutaan. Kadonnutta Raakelia etsitään turhaan.

Alasalmen *Metsäläisten* virolaissyntyinen Lydia on nainut suomalaisen Ollin hyvän elämän toivossa, mutta mies kohtelee häntä huonosti. Kun mies aiheuttaa Lydian pojan kuoleman, Lydia jättää Ollin. Myöhemmin Lydia lähtee sattumalta ravintolasta tuntemattoman miehen mukaan. Mies osoittautuu varsinaiseksi roistoksi, joka pitää Lydiaa vankinaan ja käyttää tätä hyväkseen.

> Seuraavana yönä miehellä oli nenässään tikit ja mukanaan kolme kaveria. Enää Lydia ei maannut flegmaattisena, siitä pitivät miehet huolen. [---] Kun illalla Lydia kuuli taas väärän miehen lähestyvät askeleet oven takaa, hänen niskakarvansa nousivat pystyyn. Hänen kurkustaan kumpusi ääni, jollaista hän ei ollut koskaan kuullut, saati itse päästänyt. Kun mies avasi vaatehuoneen oven, hän sai silmilleen sen, minkä oli Lydiasta tehnyt.[284]

155

Sutena Lydia kiiruhtaa vanhalle kotipaikkakunnalleen ja kostaa entiselle miehelleen raatelemalla tämän kuoliaaksi.

Sekä Raakelille että Lydialle tapahtuu asioita, joita he eivät ihmisinä pysty kestämään. He muuttuvat susiksi ja kostavat. Molempien muodonmuutos on kerran tapahduttuaan pysyvä.

Ihmissusia läheltä ja kaukaa

Tanskalais-norjalainen Aksel Sandemose julkaisi vuonna 1958 teoksensa *Varulven*, joka suomennettiin vuonna 1960 nimellä *Ihmissusi*. Nimestä huolimatta teoksessa ei esiinny varsinaisia ihmissusia eikä kukaan muutu konkreettisesti sudeksi. Ihmissusi tulee esille silloin, kun esimerkiksi mustasukkaisuus tai kateus johtaa ihmisen toimintaa, se merkitsee Sandemosen tekstissä ihmisluonnon pimeää puolta, kaikkea sellaista, mikä on synkkää ja pahaa.

Juri Rytheun *Ihmissusi* (1983) kertoo nuoresta tšuktši-miehestä[285] nimeltä Goigoi, joka pyyntiretkellä jää ajelehtimaan irronneelle jäälautalle. Heimon tarinoissa on kerrottu, että tällaisessa tapauksessa ihminen ei enää voi palata, vaan hän väistämättä muuttuu ihmissudeksi, *terykyksi*. Goigoi viettää jäälautalla viikkoja, mutta pysyy jotenkuten hengissä. Lopulta merivirrat tuovat lautan rantaan ja Goigoi hoippuu maihin. Hän kumartuu juomaan vesikuopasta ja juotuaan näkee oman kuvansa:

> Hän ei ollut uskoa silmiään! Varovaisesti, ollakseen vääristämättä veden peiliä kiihtyneellä hengityksessään Goigoi kumartui

156

uudelleen lähelle pintaa. Häneltä pääsi kauhun huuto: hänen katsoi *terykyn* – ihmissuden – karvoittunut naama.

Vielä uskomatta Goigoi kiskaisi ryysyiksi muuttuneita hihojaan, mutta myös hänen käsivartensa olivat karvoittuneet... Goigoi tarkasteli vartaloaan ja kaikkialla näki saman – lyhyen tuuhean turkin. Siksi siis hän ei ollut enää tuntenut kylmää![286]

Ihmissusi ei saa elää ihmisten joukossa, joten Goigoi voi enää palata veljiensä ja nuoren vaimonsa luo. Ihmissudeksi muuttuminen on peruuttamaton tosiasia huolimatta siitä, että Goigoin vaimo Tin Tin tunnistaa miehensä heti tämän nähtyään. Kuolemassa Goigoi kuitenkin palaa entiseen muotoonsa ja "karva lähti Goigoin kasvoista, ja Tin Tin ja tyrmistyneet veljet näkivät hänet samanlaiseksi, jollaisena hän oli tuona kevätaamuna lähtenyt..."[287]

Vuonna 1990 ilmestyi suomeksi Stephen Kingin alun perin kalenteriksi suunniteltu teos *Ihmissuden vuosi*.[288] Teoksessa eräs pikkukaupungin asukas muuttuu ihmissudeksi aina täydenkuun aikaan. Susi on suuri ja näyttää eläimeltä, mutta liikkuu usein kahdella jalalla kävellen. Se surmaa useampina kuukausina ihmisiä, mutta välillä raatelee myös sikoja ja kauriita. Sudeksi muuttuva ei itse muista tekojaan ja hän alkaa arvella itseään ihmissudeksi vasta, kun on jo paljastumassa. Hän tuntee itsensä aina täysikuun aikaan hyvin voimakkaaksi ja terveeksi, täydenkuun aamuina on hän usein ollut kurainen ja verinenkin, joskus hänellä on mustelmia ja vammoja, joiden alkuperää hän ei tiedä. Hän miettii, mikä on saanut aikaan ihmissudeksi muuttumisen:

> Susi ei ole purrut minua eikä mustalainen kironnut. Se vain... tapahtui. Olin poimimassa kukkia kirkon sakastin maljakoihin eräänä päivänä viime marraskuussa. Tuon pienen kauniin hautausmaan luona

Sunshine Hillillä. En ollut koskaan ennen nähnyt sellaisia kukkia... ja ne kuolivat ennen kuin ehdin takaisin kaupunkiin. Ne muuttuivat mustiksi, joka ikinen. Ehkä se alkoi tapahtua silloin.[289]

Muuttumisen syy ei selviä. Ihmissusi surmataan hopealuodilla, ja kuollessaan se palautuu ihmismuotoonsa.

Ihmissusi ei useinkaan pysty hallitsemaan tekojaan sutena. J. K. Rowlingin Harry Potter -sarjassa esiintyy ihmissusi, joka ihmisenä on Harry Potterin opettaja ja ystävä, mutta susimuotoisena vaarallinen myös ystävilleen.

Kuului kauheaa ärinää. Lupinin pää piteni. Samoin hänen vartalonsa. Hänen hartiansa menivät kumaraan. Karvaa tunki heidän silmiensä edessä hänen kasvoihinsa ja käsiinsä, jotka käpertyivät tassuiksi.[290]

Jo opettajan nimi Remus Lupin viittaa siihen, että hänellä on jotain tekemistä susien kanssa. Tarinan mukaan Rooman perustivat jumalallista syntyperää olevat kaksoset Remus ja Romulus, jotka heitettiin vauvoina virran vietäviksi ja jotka selvisivät hengissä, koska susi imetti heitä. Lupin taas viittaa suden tieteelliseen nimeen, joka on *Canis lupus*. Remus Lupin on muuttunut ihmissudeksi jo lapsena ihmissuden purtua häntä. Nuorena hänet suljettiin aina täydenkuun ajaksi paikkaan, jossa hän ei voinut vahingoittaa ketään, mutta myöhemmin keksittiin taikajuoma, joka esti muodonmuutosta toteutumasta.

Ihmissusi kuvataan useimmiten yksittäiseksi olennoksi, samalla seudulla ei yleensä ole kuin yksi ainoa ihmissusi. Vaikka ihmissuden kerrottaisiin tartuttavan puremallaan muita, ne eivät tavallisesti liiku ja saalista yhdessä. Stephenie Meyerin *Houkutus*-sarjassa esiintyvät sudet sen sijaan muodostavat susilauman. Quileuttien heimon ikivanha taru

158

kertoo, miten intiaaninuorukaiset alkoivat teini-ikäisinä muuttua susiksi puolustaakseen heimoaan vampyyreilta. Sen jälkeen muutos on ollut kätkössä heidän perimässään ja pysynyt piilossa, kun vampyyreja ei ole. Jos vampyyreja on sopivan ikäisen nuorukaisen lähistöllä, perimä aktivoituu.[291] Päähenkilö Bella kohtasi yllättäen tällaisen suden:

Se oli suunnattoman suuri – hevosen korkuinen mutta vankempi ja lihaksikkaampi. Pitkän kuonon irvistävät leuat paljastivat rivin tikarin kaltaisia raateluhampaita. Hampaiden raosta purkautui hirveä ärinä, joka kumusi aukealle kuin ukkosen jyrinä. Jättiläiskarhu. Paitsi ettei se ollut mikään karhu.[292]

Nämä sudet ovat niin nopeita ja voimakkaita, että pystyvät tappamaan vampyyrin. Susiksi muuttuvat nuorukaiset kasvavat myös ihmisinä kookkaiksi ja lihaksikkaiksi. Heidän ruumiinlämpönsä on jatkuvasti selvästi ihmisen normaalilämpöä korkeampi. Susimuodossa he kuulevat toistensa ajatukset ja voivat viestiä keskenään kaukaakin. Yksi joukosta on alfa, johtajasusi, jonka määräyksiä toisten on pakko noudattaa, halusivat tai eivät. Loppujen lopuksi lauma ei kuitenkaan muodostu varsinaisista ihmissusista, vaan kysymyksessä ovat muodonmuuttajat, jotka vain sattuvat muuttumaan juuri susiksi.[293]

VI Lohikäärme

Lohikäärmeellä on historiallisesti erittäin pitkät perinteet. Lohikäärmeitä esiintyi jo sumerilaisten, babylonialaisten ja assyrialaisten mytologiassa, samoin antiikin kreikkalaisessa ja roomalaisessa tarustossa on kertomuksia lohikäärmeistä.[294] Kiinassa lohikäärmeillä on erityisen pitkä historia, sillä vanhin kiinalainen lohikäärmefiguuri on kivikautinen hautalöytö 5000-luvulta eKr.

Ulkonäöltään lohikäärme näyttää sekoitukselta monesta eri eläimestä. Kiinassa lohikäärmeellä kerrottiin olevan esimerkiksi kamelin pää, hirven sarvet, härän korvat, jäniksen silmät[295], tiikerin käpälät, petolinnun kynnet, karpin suomut ja silkkimadon vatsa, mutta sen eri osat voitiin yhdistää myös moniin muihin eläimiin.[296] Lohikäärmeiden kerrottiin syntyvän munasta ja käyvän läpi viisi muodonvaihdosta ennen täysikasvuiseksi tuloaan. Jokainen vaihe kesti 500–1000 vuotta. Lohikäärmeiden on kerrottu joskus taistelevan reviireistään korkealla ilmassa, mikä nähdään maassa ukkosena ja salamointina, ja niiden on ajateltu tuovan keväisin hedelmälliset sateet. Lohikäärmeen voi tappaa tai se voi saada surmansa taistelussa, mutta sen uskottiin olevan periaatteessa muuten kuolematon.[297]

Lohikäärmeen ulkomuodossa on herättänyt kiinnostusta myös sen raajojen ja päiden lukumäärä. Toisinaan lohikäärmeellä kerrotaan olevan neljä jalkaa sekä siipipari, siis kuusi raajaa. Nelijalkainen siivekäs lohikäärme esiintyi kuvissa ainakin jo 1600-luvulla. Lohikäärme esiintyi myös Conrad Gessnerin eläinkirjassa vuonna 1587, silloin olentona, jolla on linnun tavoin kaksi jalkaa ja kaksi siipeä. Jalat voivat vaikuttaa myös etujaloilta, jolloin takaraajat puuttuvat.[298] Myös lohikäärmeen päiden määrä vaihtelee, esimerkiksi *Raamatun* Ilmestyskirjan lohikäärme on seitsenpäinen. Myös satujen lohikäärmeillä voi hyvinkin olla useita päitä, esimerkiksi kolme, kuusi, seitsemän tai yhdeksän. Lohikäärmeen päähän, olipa niitä yksi tai useampia, liittyy usein se kyky sylkeä (syöstä) tulta, mikä onkin eräs lohikäärmeen selkeistä tunnusmerkeistä.

Lohikäärmeitä esiintyi myös germaanisessa ja skandinaavisessa tarustossa. Ne olivat hirviöitä, kauheita petoja, joiden surmaaminen oli muinaisten sankarien, kuten Sigurdin ja Beowulfin, suurin voimannäyte ja urotyö. Skandinaavisessa mytologiassa Sigurdr surmaa lohikäärme Fafnirin ja saa omakseen lohikäärmeen kulta-aarteen. Kun Sigurdr maistaa lohikäärmeen verta, hän oppii ymmärtämään lintujen puhetta. Linnut kertovat, että Sigurdrin kumppani Reginn on petollinen, ja että tämä aikoo tappaa Sigurdrin heti tilaisuuden tullen ja neuvovat Sigurdria tappamaan Reginnin.[299]

Kristillisessä perinteessä lohikäärme on toiminut pitkälti paholaisen symbolina. Legendoissa surmatut lohikäärmeet ovat merkinneet voittoa paholaisesta. Tunnetuimmat kristilliset lohikäärmeentappajat ovat arkkienkeli Mikael, joka surmasi lohikäärmehahmoisen Saatanan, sekä pyhä Yrjänä. Monien muidenkin pyhimysten on kerrottu surmanneen lohikäärmeitä, naispuolisista lohikäärmeen voittajista tunnetuin lienee pyhä Margareta. Lohikäärme on siten ollut monitahoisuudessaan erityinen: länsimaissa lohikäärme on ollut vaarallinen hirviö, paholaisen vertauskuva ja kauheuksista kauhein, kun taas idässä, erityisesti Kiinassa, lohikäärmettä pidettiin elämän ja viisauden symbolina ja onnea tuotta-vana olentona. Sielläkään tosin tavallinen ihmisolento ei varmasti olisi halunnut joutua kasvokkain lohikäärmeen kanssa.

Saduissa prinssi surmaa lohikäärmeen ja voittaa omakseen prinsessan ja puoli valtakuntaa, vaikka suomalaisten kansansatujen lohikäärmeet ovat tavallisesti melko vaatimattomia kirjallisten lohikäärmeiden rin-nalla. Lohikäärme esiintyy myös uskomustarinoissa; uskomuksissa myös muilla käärmeillä on ollut merkittävä rooli. Fantasiassa lohi-käärme on aivan erityinen olento, mikä selittyy ainakin osittain sen eri-koisesta historiasta. Lohikäärmeestä on tullut myös eräänlainen fanta-sian tunnuskuva, sitä voi pitää suorastaan fantasiakirjallisuuden ikonina.

Uskomustarinoiden lohikäärme

Kirjoitetussa suomen kielessä sana lohikäärme on esiintynyt ainakin jo Mikael Agricolan teksteissä 1500-luvulla.[300] Agricolalla esiintyy joskus myös muoto *louhikerme*.[301] Myös *Nykysuomen sanakirja* tarjoaa lohi-käärmeen rinnakkaismuodoksi *louhikäärmeen*, mutta luultavammin suomalainen nimitys *lohikäärme* lienee muodostunut muinaisskandi-naavisesta sanasta *floghdraki*. Sanan alkuosa tarkoittaa lentävää ja on suomenkielessä muotoutunut helpommin lausuttavaan muotoon *lohi*. Lohikäärmeen nimityksessä tuskin on ollut kysymys minkäänlaisesta kalasta.

Floghdraki -sanan loppuosa on samaa perua kuin kreikan sana *drakon* (latinassa *draco*), joista ovat lähtöisin myös englannin ja ranskan kielten

lohikäärmeen nimitys *dragon* ja saksan *Drache*.[302] Suomalaisissa usko-
mustarinoissa esiintyvät nimitykset lohikäärme, *lentokäärme* ja *traakki*,
sekä yksinkertaisesti vain (iso) käärme (tai mato, joka on merkinnyt mo-
nissa suomen murteissa samaa kuin käärme). Erään tulkinnan mukaan
myös kansanrunoudessa esiintyvät sanat *lapalievo*, *lapokyy* ja *lapo-
käärme* merkitsevät lohikäärmettä.[303]

Vuonna 1668 Britanniassa pienessä Henhamin kylässä riehui lohi-
käärme, joka tappoi karjaa ja hyökkäsi ihmisten kimppuun, kunnes pai-
kalliset ihmiset saivat sen surmatuksi. Asiasta kerrottiin uutislehtisessä
seuraavana vuonna otsikolla "Lentävä käärme tai Outoja uutisia Esse-
xistä."[304] Lohikäärmeitä on nähty myös Suomessa. Näissä tarinoissa ker-
rotaan hyvin isosta käärmemäisestä olennosta, joka oli lentänyt taivaalla
ja lopulta pudonnut maahan, missä se oli joko kuollut tai surmattu.
Olento oli ollut niin suuri, että raatoa oli kuljetettu pois hevoskuormit-
tain. Putoamispaikkoina mainitaan "eräs saari", "eräs kaupunki Venä-
jällä", Pietari, Oulu ja Tukholma. Myös tapahtuma-aikaa määritellään jos-
kus tarinoissa, se ajoitetaan 1800- ja 1900-lukujen vaihteeseen tai aikai-
semmaksi 1800-luvun puolelle.

Lohikäärme lensi Maanselän ja Orjasaaren kylien päälitse juhanus
aattoiltan. Siitä on aikaa noin 98 vuotta takaperin kun oli vielä äijäin
poikan ja toinen äijäin viel kesekasune hyö olliit juhanuskokkoloil
toinen Maaselin kokkoloil toinen Orjansuare kokkoloil ja kuulin ko
hyö haastoit net Orjasuare koko piälit se lens nii alalis net näkkiit sil
ol punane vatsa alus [---] mut sitä en muista mihin kaupunkii putois
mut kaupunkii ko putois nii se puhals sellasta myrkkyy net ympärilt
ihmiset kuoliit ja sen ampuit tykil net se kuol ja sitä ko viättiit pois
kaupunkist nii siint läks kakstoist hevoskuarma.[305]

Joskus taivaalta tuleva jättiläiskäärme ei ole yliluonnollinen, vaan kotoisin jostain kaukaa ja sattumalta päätynyt Suomeen:

Pilve oliva laahannu ulkomailt joltai korkkialt vuorelt suure käärme tänne Suame. See ol nii iso, ettei sitä meinattu saara tapetuks. See ympärs pykätti korkia ait, ja sii se saatti kualema.[306]

Siivekäs käärme voi myös olla tavallisen käärmeen kokoinen. Virroilta on peräisin muistiinpano, jonka mukaan siivekkään käärmeen nähtiin lähtevän lentoon aidan päältä.[307] Lentävän käärmeen lisäksi uskomustarinoissa on kerrottu hyvin isosta käärmeestä, tukin kokoisesta, jonka kulkemisreitille jää syvä vana. Tällaista käärmettä on joissakin muistiinpanoissa nimitetty myös *traakin-käärmeeksi*. Toisinaan on kerrottu, että tällaisen jättiläiskäärmeen pää on kuin vasikan tai kissan pää, tai että käärme on puhaltanut tai suihkuttanut myrkkyä. Lohikäärme on toisinaan liitetty myös kansanperinteen aarretarinoihin: lohikäärmeen on kerrottu vartioivan esimerkiksi Liedossa Nautelan koskessa olevaa aarrearkkua.[308]

Muita käärmeitä ja matoja

Käärmeellä on ollut erityisasema suomalaisissa kansanuskomuksissa. Käärmeen erityisyyteen ovat varmasti vaikuttaneet monet seikat yhdessä: Raamatussa käärme toimii viettelijänä pahaan, paholaisena.

Toisaalta käärme on jalattomana olentona erikoinen eläinten joukossa. Lisäksi käärmeet ovat tavallisia mutta vaarallisia. Kuka tahansa voi kohdata käärmeen, ja niitä voi nähdä melkein missä tahansa. Kuitenkin varsinkin menneisyydessä kyyn, ainoan myrkkykäärmeemme, purema on ollut hengenvaarallinen. Ei siten ole kummallista, että käärmeeseen on myös kansantarinoissa liitetty erikoisia asioita.

Kerrotaan, että käärmeillä on oma kuninkaansa, usein valkea käärme, joka voidaan nähdä kultakruunu päässä. Käärmeiden kerrotaan myös pitäneen keskenään käräjiä, jolloin suuri joukko käärmeitä kokoontui yhteen kehään päättämään asioista. Käärmeillä oli hallussaan käräjäkivi, "sileä, pyöreähkö, vähän kananmunaa pienempi"[309], joka kiersi käärmeillä suusta toiseen ja jossa saattoi nähdä käärmeiden hampaiden jättämät jäljet. Tällaisen käräjäkiven on kerrottu sisältävän maagisia voimia, joilla voi parantaa sairauksia. Käärmeiden käräjäkiven omistaja myös voittaa juttunsa ihmisten käräjillä. Käräjäkiveksi on joskus nimitetty myös käärmeiden piirin keskellä oleva kiveä, joka on kruunupäisen käärmeiden kuninkaan paikka käärmeiden käräjillä.[310]

Uskomustarinoissa kerrotaan myös *litomadosta* (*litamadosta*), joka on monien pienten matojen tai toukkien yhdessä muodostama isompi mato. Madot liikkuvat yhdessä ja jättävät jälkeensä limaisen vanan. Madot saattavat liikkua kätketyn aarteen luo puhdistamaan sitä. Matonauhan kulusta on myös mahdollista ennustaa talon tulevaisuutta: jos madot kulkevat taloon päin, se merkitsee vaurastumista, jos niiden suunta oli poispäin talosta, se tietää talon köyhtymistä.[311] Jos uskaltaa käsillään hämmentää litomadon hajalleen, saa käsiinsä parantavaa voimaa, joka tehoaa erityisesti paiseisiin ja kasvannaisiin.

Joskus talon menestymiseksi pidetyn elättikäärmeen kerrotaan olleen suorassa yhteydessä talon lehmien hyvinvointiin:

> Lamminkylässä Ukon Jussin talossa ennen isäntä ja emäntä olivat olleet noitia. Heitän tyttärensä kertoi, samoin kertoi miniämmensä, että häntä ei laskettu käymään ruoka suojassa koskaan. Kerran emäntä ja isäntä olivat menneet kirkkoon ja he olivat miehensä kanssa jääneet kotiin. Kun hän oli mennyt ruoka suojaan, olikin hyllyllä ollut iso käärme, joka oli hänen nähtyään hypännyt piimä tiinuun. Hän oli mennyt sanomaan miehelleen, joka ei tietänyt myöskään käärmeestä mitään, ja miehensä oli tappanut sen. Mutta heti samana päivänä oli heiltä kuollut kaksi lehmää.[312]

Elättikäärme voi myös olla maagisessa yhteydessä talon emäntään:

> Kirvun pitäjässä Rytjän talossa Kirvunjärven toisella puolen oli eräs emäntä pitänyt "eläkkäkärmeitä". Hän elätti niitä "huonee" (=aitan) sillan alla, jonne hän kantoi niille piimäpytyissä ruokaa. Talonväelle ne eivät tehneet mitään pahaa. Kerran emäntä oli lähtenyt kirkkoon ja pyytänyt naapurin emäntää viemään niille sillä aikaa ruokaa. Naapuri veikin pytyn ruokaa "huoneen" alle. Kun hän jäi katsomaan, hän näki, kuinka käärmeitä tuli siihen syömään pytty täyteen: kaikki päät "kokollaan" söivät siinä. Silloin vaimo suuttui ja heitti kiehuvaa vettä käärmeiden päälle. Kaikki käärmeet heittivät siihen henkensä. Mutta samaan aikaan kuoli myös talonemäntä kirkkoon.[313]

Kaikuja käärmeen ja paholaisen yhteydestä lienee siinä, että on uskottu, ettei käärme vahingoita viatonta lasta. Kerrotaan nimittäin, miten käärme on tullut lapsen lautaselle ja lipittänyt maitoa lapsen puurokupin toiselta laidalta samaan aikaan, kun lapsi söi toiselta puolelta. Käärme ei tee pahaa, vaikka lapsi komentaa sitä (toisinaan lusikalla sanojaan tehostaen) pysymään omalla puolellaan kuppia tai syömään myös puuroa eikä latkimaan pelkästään maitoa.

Ylipäänsä käärmeitä, varsinkin kyytä, on pelätty sekä yliluonnollisina että luonnollisina olentoina. Kyytä on pidetty ihmisenvihaajana, joka pyrkii hyökkäämään ihmisen kimppuun vaikka hyppäämällä; sen kerrotaan jopa ajavan ihmistä takaa ja tarvittaessa se osaa jopa lentääkin. Käärmeen pelkoon oli siinä mielessä syytä, että kyyn puremaan saattoi vaikka kuolla. Jos käärme pääsi puremaan, hoitoa saatettiin tehostaa loitsulla, jolla manattiin käärmettä vastaamaan teostaan:

Mato musta maanalainen
toukka tuonenkarvallinen
läpi mättäiten menevi
puun juurien pujottelihe
lahokannon kaivelihe.
Kuka sun kulosta nosti,
heinänjuuresta herätti
kun olit kauan maassa maannut?
Tule työsi tuntemaan,
pahasi parantamaan!
Ite turvu tuskihisi,
paisu pakkopäivihisi,
halkee paha kaheksi!
Tuomen juuret turvotkoon,
pajun juuret paisukoon,
elköön iho immeisen![314]

Käärme on kuulunut suomalaiseen noituuteen. Käärmeen nahkaa ja rasvaa on käytetty sairauksia parantavina aineksina; käärmeen avulla on ajateltu voitavan muuttua näkymättömäksi tai tulla haavoittumattomaksi. Valkoiseen käärmeeseen on tietenkin liittynyt aivan erityisiä voimia. Käärmeen osat ovat kuuluneet myös noidan taikapussiin muiden maagisten ainesten lisäksi.

Kansansadun käärmeet

Lohikäärme ei ole suomalaisissa kansansaduissa kovin yleinen vastustaja, jos ei aivan tuntematonkaan. Suomalaisen kansansadun lohikäärme on kuitenkin yleensä melko väritön ja vaatimaton olento, ainakaan sen ulkonäköä ei juuri kuvata. Tavallisesti se ei syökse tulta, joskus mainitaan sen osaavan lentää. Nimitykseltään sadun lohikäärme voi olla *traakki, käärme, mato, peto* tai *smija*.[315] Viimeksi mainittu nimitys tulee suoraan venäjästä, jossa käärmettä merkitsevä sana on змея [smija].

Lohikäärmetaisteluksi[316] nimitetty satu kuuluu kansansatujen yleisimpiin satumotiiveihin, ja se esiintyy monissa suomalaisissa kansansaduissa joko itsenäisenä satuna tai pitemmän sadun osana. Lohikäärmetaistelussa (miespuolinen) sankari voittaa yliluonnollisten eläinauttajien avulla lohikäärmeen ja pelastaa tällä tavoin prinsessan. Suomalaisen sadun eri toisinnoissa lohikäärmeen tilalla voi kuitenkin usein yhtä hyvin olla tarkemmin nimeämätön vihollinen, piru, paholainen, pahahenki tai noitakin.[317]

Lohikäärmeentappajana voi sadussa esiintyä sotamies tai tavallinen köyhä poika, jolla yleensä on yliluonnollisia auttajia. Toisinaan myös tyttö voi selviytyä lohikäärmeen surmaamisesta voittajana:

> Miehet kun rupeavat maate ja alkavat kuorsata, niin tyttö ottaa taas nuorimman pojan huotrasta miekan, ristii silmänsä koilliseen ja

lähtee meren rantaan. Sinne tultuaan näkee, kuinka meri yhdeksän kertaa kuohahtaa ja sieltä nousee yhdeksänpäinen käärme. Nyt tyttö saa tosi teolla tapella, kun on semmoinen vastus. Hän saa jo kahdeksan päätä hakatuksi, mutta yhtäpä ei ole saadakaan, voimat alkavat häneltä loppua, jotta ei enää miekka ala nousta. Hän kun on viisas niin keksii keinon ja sanoo:

"Katso, kuinka kotisi palaa ja akkasi on lapsen saanut, ja sinä vain täällä sotaa käyt."

Nyt kun käärme kääntää päätään katsoakseen, niin tyttö silloin sipaisee viimeisenkin pään poikki.[318]

Hirviöntappajatyttö[319] päätyy lopulta tsaarinpojan puolisoksi, mutta tässä eivät tytön tappamat lohikäärmeet hyödytä, vaan tytön kauneus. Äitipuoli nimittäin lähettää tytölle taikapaidan, joka saa tämän nukkumaan kuolleen lailla, ja tsaarin poika ihastuu lasiarkussa makaavaan kauniiseen tyttöön. Tyttö siirtyy näin hirviöntappajasta takaisin satujen perinteiseen naisenrooliin, pelastettavaksi kaunottareksi.[320]

(Lohi)käärme voi esiintyä myös taikaesineen lahjoittajana. Koko Suomessa yleisessä sadussa poika auttaa käärmettä (tai pirua) ja saa palkinnoksi taikasormuksen tai seitsenreikäisen kiven, jolla voi toivoa.[321] Kaunotar ja hirviö -tyyppisissä[322] saduissa prinssi voi esiintyä myös käärmeeksi noiduttuna, ei kylläkään yleensä lohikäärmeeksi vaan muuksi suureksi käärmeeksi.

Muutamat lentävästä jättiläiskäärmeestä kertovat uskomustarinat voisi hyvin rinnastaa valhesatuihin, joissa kuvaillaan liioitellen mahdottoman ihmeellisiä asioita. Valhesaduissa on oma ryhmänsä erilaisille suurille eläimille ja asioille. Tähän ryhmään kuuluvat esimerkiksi saaliiksi saatu jättiläishauki, joista on saatu ruokaa koko talveksi sekä omalle väelle että myytäväksi ja jonka suomuista on tehty kattopaanuja[323]; niin iso kasvava nauris, että sika syö itsensä sen sisään ja tekee sinne porsaat, jotka vasta syksyllä sadonkorjuussa huomataan, tai iso rakennus, jonka katolta putoavan kirveen silmään ehtii lintu tehdä pesän ja poikaset kuoriutua, ennen kuin kirves ehtii maahan.[324] Kertomus isosta käärmeestä sopisi tähän varsinkin silloin, kun korostetaan käärmeen suurta kokoa "seitsemän viikkoa ajettiin sen raatoa kymmenillä hevosilla"[325] tai pudonneen käärmeen lihaa oli "kolmekymmentä hevoskuormaa"[326]. Kertomukset isoista käärmeistä on kuitenkin kertomusperinteen luokittelussa merkitty uskomustarinoiksi eikä saduiksi.

Käärme voi kansansadussa edustaa pahaa voimaa, sankarin vastustajaa, mutta myös hyväntahtoinen, päähenkilö auttava haltia esiintyy joskus käärmeen muodossa. Käärme voi myös olla lumottu mies, joka voi paljastua prinssiksi tai muuksi hyväksi sulhaseksi naispuoliselle päähenkilölle.

Fantasian lohikäärmeet

Arkimaailmaan kuulumattoman tarueläimen, lohikäärmeen, näkeminen sykähdyttää lukijaa, vaikka sankari onnistuisikin välttämään varsinaisen vaarallisen kohtaamisen. Lohikäärme on yleensä kaikin tavoin ihmistä voimakkaampi: se on kooltaan paljon ihmistä suurempi, se on vahvempi ja osaa tavallisesti lentää. Fantasiakirjallisuuden lohikäärme muistuttaa ulkonäöltään selvästi eläintä, mutta se voidaan kuvata ajattelevana olentona, vieläpä hyvin älykkäänä, ja sillä voi olla myös erikoisia mentaalisia kykyjä; lohikäärmeet puhuvat fantasiassa usein myös silloin, kun tavalliset eläimet eivät osaa puhua. Monet fantasian huikaisevimmista kuvauksista liittyvät lohikäärmeiden kohtaamiseen, ja taisteleminen lohikäärmeen kanssa on sankarille aivan erityinen koitos.

Suomalaisen lohikäärmeen piirteitä

Kotimaisen fantasian lohikäärme kuvataan usein erittäin vaarallisena olentona, jota on syytä pelätä:

Lohikäärme näytti täyttävän koko holvin. Se oli neljän metrin korkuinen ja kuusi metriä pitkä. Sen suomut kiiltelivät ja rahisivat kun se otti hitaita askelia kohti rauhansa häiritsijöitä.[327]

Lastenkirjassakin lohikäärme voi näyttää häijyltä ja pelottavalta, mutta se on helpommin voitettavissa: lohikäärme hämääntyy kepiniskusta ja silmille heitetystä banaanista niin, että lähteekin ajamaan takaa saaliseläintä.[328]

Lohikäärme on meilläkin hyvin erityinen olento. Sen läheisyydessä ei voi olla tuntematta pelkoa ja sen katse tuntuu polttavan sielua.[329] Lohikäärmeen "silmät olivat kuin avaruuden mustat kaivot, ja niiden pohjalla ikuisuuksien päässä kyti tuskin havaittava vihreä kipinä, joka oli minä hetkenä hyvänsä leimahtava täyteen liekkiin."[330] Sankarin on vaikea irrottaa katsettaan lohikäärmeen silmistä, vaikka hän tietää, että niissä piilee voimallinen lumous, joka saa unohtamaan ajan kulun. Ajatus, että lohikäärmettä ei kannata katsoa silmiin, onkin fantasiakirjallisuudessa erittäin yleinen.

171

Lohikäärmeiden ajatukset voivat vaikuttaa outoudessaan ja voimakkuudessaan ihmisiin niin, että nämä lakkaavat typertyneinä syömästä, juomasta ja hengittämästä.[331] Avaruuden lohikäärme voi olla niin erilainen kuin mikään maassa tunnettu elämänmuoto, ettei kommunikointi onnistu lainkaan. Lohikäärme tulkitsee tutkimusluotaimen koodin omien toiveittensa mukaan ja vastaa, mutta maassa ei edes ymmärretä, että kysymyksessä on viestimisyritys, vaan vieras kohina tulkitaan häiriöksi.[332] Joskus lohikäärmeistä kiinnostunut velho pystyy kuitenkin keskustelemaan ja toimimaan lohikäärmeiden kanssa, mutta niitä ei voi kesyttää, vaan kysymys on paremminkin lajienvälisestä ystävyydestä.[333]

Kotimaisessa fantasiassa esiintyy myös ystävällisiä lohikäärmeitä. Esimerkiksi Perjantai on talon pannuhuoneessa asuva pienehkö lohikäärme, joka lämmittää talon kuumilla henkäyksillään, kunhan saa nautittavakseen kirjoja.

> Sillä oli vihertävä suomupeite, tanakat räpylöihin päättyvät takajalat, pienet etukäpälät, pitkä häntä ja kaula ja pieni pää. Hartioista lerppuivat surkastuneet nahkasiivet.[334]

Lohikäärmeitä muistuttavat myös järvessä elävät vesiliskot Sari Peltoniemen romaanissa *Suomu* (2007). Niitä näkee harvoin, mutta kun päähenkilö Oona istuu surullisena laiturilla katselemassa jäätyneelle järvelle, yksi liskoista rikkoo jään, kohoaa ilmaan ja lentelee hetken ennen kuin sukeltaa takaisin veteen:

> Kun sitä katsoi, rintaa rupesi puristamaan. Minusta tuntui, että pakahdun siihen kummalliseen kauneuteen. Jo silla hetkellä surin sitä, etten ikinä osaisi kertoa kenellekään, miltä minusta oli tuntunut."[335]

Vesiliskot muistuttavat siinäkin mielessä lohikäärmeitä, että niillä on maagista voimaa. Irrallinen vesiliskon suomu on vahva taikaesine.

Fantasian neljä lohikäärmetyyppiä

Fantasian lohikäärmeet voi jakaa neljään eri ryhmään. Nämä ovat vastustajalohikäärme, eläinlohikäärme, ikiaikainen lohikäärme ja ystävällinen lohikäärme. Vaikka jotkut lohikäärmeet sopivat täydellisesti omaan lokeroonsa, ryhmät eivät kuitenkaan ole aivan yksiselitteisiä tai selvärajaisia.

Fantasian peruslohikäärme kuuluu sankarin vaarallisimpiin vastustajiin. Se ei kuitenkaan yleensä ole kertomuksen varsinainen päävihollinen ja arkkikonna, vaan se kohdataan jossakin matkan varrella. Sekä fantasiakirjallisuudessa että peleissä nämä lohikäärmeet ovat tavallisesti yksittäisiä olentoja, usein nimettyjä. Tällainen lohikäärme on yleensä ainakin jossain määrin älykäs, se voi osata puhua tai viestiä muilla tavoin. Lohikäärmeellä voi olla hallussaan aarre, jota se vartioi. Aarre voi olla rikkauksia, kultaa ja jalokiviä, mutta se voi myös olla maaginen esine, joka hyödyttää tai on jopa välttämätön sitten, kun sankari kohtaa kertomuksen varsinaisen konnan.

J. R. R. Tolkienin *Hobitissa* esiintyvä lohikäärme Smaug asui Yksinäisellä vuorella aarteitten täyttämässä luolassaan. Smaug oli väriltään kullanpunainen ja kooltaan valtava – ainakin hobitin näkökulmasta. Se osasi puhua ja lentää ja suuttuessaan se syöksi tulta. Smaug myös tiesi oman mahtavuutensa ja oli valmis kerskailemaan:

173

" [---] Girion Laakson valtias on kuollut ja minä olen syönyt hänen väkeään kuin susi lampaita, ja missä ovat hänen pojanpoikansa jotka uskaltaisivat tulla minua lähelle? Minä tapan missä tahdon eikä minua rohkene kukaan vastustaa. Minä löin matalaksi entisaikojen soturit eikä niiden kaltaisia enää nykyisessä maailmassa ole. Ja silloin minä olin nuori ja arka. Nyt olen vanha ja väkevä, väkevä, Varjojen Voro!" se uhosi. "Haarniskani on kuin kymmenkertainen kilpikerros, hampaani kuin miekat, kynteni kuin keihäät, häntäni huiskaus kuin pallosalama, siipeni kuin pyörremyrsky ja henkäykseni yhtä kuin kuolema!"[336]

Toinen mahdollinen fantasian lohikäärmetyyppi on eläinlohikäärme, joita voi olla useita, ne voivat esiintyä laumanakin. Myös eläinlohikäärmeeseen voi liittyä jonkinlaista magiaa, ja yleensä ne ovat eläiminäkin erityislaatuisia. Kuten lohikäärmeet yleensäkin, myös eläinlohikäärme on tavallisesti hyvin vaarallinen. J. K. Rowlingin *Harry Potter* -kirjoissa esiintyy eläinlohikäärmeitä:

Paksuista parruista rakennetussa aitauksessa oli neljä valtavaa, pahansisuisen näköistä täysikasvuista lohikäärmettä, jotka olivat kavahtaneet takajaloilleen karjumaan ja korskumaan – ne kurottivat kaulaansa viidenkymmenen jalan korkeuteen ja syöksivät torahampaisesta suustaan tuliryöppyjä pimeälle taivaalle. Aitauksessa oli sinertävän hopeanhohtoinen ja teräväsarvinen lohikäärme, joka louskutti leukojaan ja ärisi maassa seisoville velhoille; sileäsuominen vihreä, joka vääntelehti ja tömisti maata hurjalla voimalla; punainen, jonka naamaa kehysti ohuista kullanvärisistä piikeistä koostuva merkillinen reunus ja joka syöksi sienen muotoisia tulipilviä; sekä jättiläiskokoinen musta, muita liskomaisempi lohikäärme, joka oli lähimpänä velhoja.[337]

174

Nämä lohikäärmeet ovat selvästi eläimiä – erikoisia, harvinaisia ja vaarallisiakin, mutta kuitenkin nimenomaan eläimiä. Ne eivät esimerkiksi puhu sen paremmin ihmisten kieltä kuin mitään omaakaan kieltään.

Kolmas lohikäärmeiden ryhmä on erityinen, älyllinen, ihmistäkin vanhempi laji. Tällainen lohikäärme voi olla henkisiltä kyvyiltään aivan ylivertainen ihmisiin nähden. Tällainen lohikäärme osaa viestiä ihmisten kanssa, jos haluaa – välttämättä sillä ei ole mitään erityistä kiinnostusta ihmisiin. Koska lohikäärmeet ovat aivan toisenlaisia kuin ihminen, niiden äly, logiikka, tavat ja toiminta ovat kovin erilaisia, eivätkä ihmiset välttämättä pysty käsittämään kovinkaan paljon lohikäärmeiden asioita. Tällaisia lohikäärmeet ovat esimerkiksi Ursula K. Le Guinin *Maameri*-sarjassa ja Robin Hobbin *Näkijän taru* -trilogiassa.

Ursula K. Le Guinin *Maameri*-sarjassa lohikäärmeet ovat erikoinen, ikivanha olentolaji. Lohikäärmeet puhuvat vanhaa kieltä, luomisen kieltä, joka on niiden oma kieli ja jota myös kaikkein mahtavimmat velhot osaavat. Lohikäärmeet eivät ole lempeitä ja ystävällisiä, vaan kauhistuttavia ja pelottavia olentoja, jotka tekevät joskus hyökkäyksiä ihmiskyliin.

Lohikäärme oli suuri kuin torni. Sen kalvosiipien kärkiväli oli ainakin viisikymmentä kyynärää ja ne loistivat auringonnousussa kuin kultasavu. Sen käärmeennahkainen ruumis oli melkein yhtä pitkä, mutta hoikka kuin ajokoira. Sen kynnet olivat sisiliskon kynnet ja sen selkärankaa pitkin kulki rivi teräviä väkäsiä. Ne kasvoivat melkein kaksikyynäräisinä kuin ruusunpiikit selkäkyttyrän kohdalla ja pienenivät sitten pyrstöä kohti niin että hännänhuipussa piikki ei ollut veitsennysää suurempi. Piikit olivat harmaita ja lohikäärmeen suomut teräksenharmaita, kullalta välkähtäviä. Sen silmät olivat vihreät ja viillonkapeat.[338]

175

Maameri-sarjan myöhemmissä osissa esiintyy myös sellaisia lohikäärmeitä, jotka voivat halutessaan ottaa ihmishahmon.

Robin Hobbin *Näkijän taru* -trilogiassa lohikäärmeet ovat yhteydessä joidenkin ihmisten henkisiin kykyihin, joita nimitetään Taidoksi. Vuorimaiden valtakunnassa on mustaa taitokiveä, josta kuningas veistää lohikäärmettä. Työtä tehdessään hän luovuttaa lohikäärmeelle muistonsa ja sulauttaa siihen itsensä, ja lopulta kivestä muotoutuvan lohikäärmeen uskotaan tulevan eläväksi. Muutamat paikalla olevista kivisistä lohikäärmeistä ovat muinaisten taitoryhmien veistämiä, mutta jotkut niistä eivät ole ihmistekoa, vaan ikiaikaisten valmistamia.

Neljänteen lohikäärmeiden ryhmään kuuluvat lastenfantasian lohikäärmeet, sattumalta lasten luokse osuneet lohikäärmeenpoikaset tai muuten avuttomat, ystävälliset käärmeenreppanat, jotka saattavat jopa tarvita ihmislapsen apua selviytyäkseen. Erityisesti satukirjojen lohikäärmeet ovat nykyään usein "herkkiä, sympaattisia ja väärinymmärrettyjä."[339] Silti ne ovat erityisiä olentoja ja lemmikkeinä aivan muuta kuin koira tai hamsteri, sillä kaikesta huolimatta ne ovat salaperäisiä taruolentoja ja lisäksi ne ovat kookkaita, pystyvät usein syöksemään tulta sekä lentämään – siis kuitenkin hiukan pelottavia. Usein on myös tarpeen pitää tällainen lemmikki tai eläinystävä piilossa. Tällainen ystävällinen lohikäärme esiintyy esimerkiksi Lucy Kincaidin kuvakirjoissa tai Walt Disneyn elokuvassa *Pete ja lohikäärme Elliott* (1977).

Lohikäärmeet eivät toimi ihmislogiikan mukaisesti, vaan niiden toiminta on usein omalakista ja siten ihmisille täysin vierasta. Vaikka lohikäärme voi fantasiassa toimia joskus jopa ihmisen auttajan roolissa, se yleensä tekee sen omilla ehdoillaan, eivätkä ihmisten asiat tavallisesti lohikäärmeitä kovin paljon kiinnosta. Ehkä lohikäärmeiden erityislaatu fantasiassa selittyykin juuri sillä, että lohikäärmeelle ihminen ei ole maailman valtias, vaan eräs melko lyhytikäinen laji monien muiden joukossa.

Lopuksi

Tässä kirjassa on tarkasteltu joitakin fantasiakirjallisuuden kannalta kiinnostavia uskomusolentoja, kuten haltioita, peikkoja ja maahisia, monenlaisia eläviä kuolleita, piruja, ihmissusia ja lohikäärmeitä. Kirjassa ei ole käsitelty lainkaan sellaisia tarueläimiä kuin yksisarvinen, kentauri, feenix tai basiliski, joita ei kotimaisissa uskomustarinoissa mainita.

Jonkin yksittäisen olennon kautta tarkasteleminen ei yleensä tee oikeutta kirjalle. Tarkoitus onkin ehkä lähinnä vinkata muutamia kirjoja, joista tietynlaisia olentoja voi löytää. Kirjaesittelyt eivät missään tapauksessa ole kattavia, vaan ainoastaan esimerkkejä. Monia hienoja kirjoja on jäänyt kokonaan mainitsematta.

Näyttää siltä, että nykyään valtavirtakirjallisuus poimii yhä enemmän aineksia fantasiasta. Huippusuosituissa romanttisissa viihdekertomuksissa voi aivan hyvin esiintyä kummituksia[340] tai aikamatkustusta[341]. Vampyyrit ovat jo jokin aika sitten siirtyneet kauhukirjallisuudesta lasten- ja nuortenkirjoihin. Lasten kuvakirjoissa seikkailevat pikku vampyyrit, nuortenkirjoissa vampyyrit ovat mukana merirosvoseikkailuissa[342] ja pikkukaupunkien koulutyttöjen[343] elämässä. Oma lukunsa ovatkin sitten erityisesti aikuisille tai teini-ikäisille suunnatut vampyyritarinat, joissa hehkuvan romanssin[344] toinen osapuoli on vampyyri. Lajien rajat siis liukuvat sekä fantasiakirjallisuuden sisällä että fantasian ja muun kirjallisuuden välillä.

P.S. eli jälkisanat

Tämä kirja on alun perin ilmestynyt vuonna 2012. Sen jälkeen on julkaistu valtavasti kotimaista ja ulkomaista kirjallisuutta, jossa esiintyy uskomusolentoja tai joissa käytetään kansanperinneaineistoja muuten. Kirjoja on siis tullut lisää, mutta perusasia on sama: kansanperinneaineistoista löytyy jatkuvasti kiinnostavaa ja käyttökelpoista materiaalia käytettäväksi uudelleen monissa eri muodoissa.

Aineistot ja kirjallisuus

Painamattomat kansanperinneaineistot
SKS KRA. Suomalaisen Kirjallisuuden Seuran kansanrunousarkisto.

Painetut perinneaineistokokoelmat

Myytillisiä tarinoita. Toim. Lauri Simonsuuri. Helsinki: SKS. 1999 (1947).

Suomalaiset kansansadut 1. Ihmesadut. Toim. Pirkko-Liisa Rausmaa. Helsinki: SKS. Toinen, uudistettu painos. 1988.

Suomalaiset kansansadut 2. Legenda- ja novellisadut. Toim. Pirkko-Liisa Rausmaa. Helsinki: SKS. 1982.

Suomalaiset kansansadut 3. Sadut tyhmästä paholaisesta. Toim. Pirkko-Liisa Rausmaa. Helsinki: SKS. 1990.

Suomalaiset kansansadut 4. Hölmöläissadut. Toim. Pirkko-Liisa Rausmaa. Helsinki: SKS. 1993.

Suomalaiset kansansadut 5.Eläinsadut. Toim. Pirkko-Liisa Rausmaa. Helsinki: SKS. 1996.

Suomalaiset kansansadut 6. Pilasadut ja kaskut. Toim. Pirkko-Liisa Rausmaa. Helsinki: SKS. 2000.

Suomalaisia kansansatuja 1. Eläinsatuja. Toim. Kaarle Krohn. Helsinki: SKS. 1886.

Suomalaisia kansansatuja 2. Kuninkaallisia satuja. Toim. Kaarle Krohn ja Lilli Lilius. Helsinki: SKS. 1893.

Suomen kansan satuja ja tarinoita 1–4. Toim. Eero Salmelainen. Yhteisnide, julk. Jouko Hautala. Helsinki: SKS. 1955.

SKVR. *Suomen Kansan Vanhat Runot.* Helsinki: SKS. 1908–1948, 1997 (Myös verkossa: https://skvr.fi)

Kaunokirjallisuus

ALASALMI, Päivi 2000: *Metsäläiset.* Helsinki: Gummerus.

BERGHEM, Paul 1999: *Avaruusseikkailu.* Vanhalinna: Welkin Books.

COLFER, Eoin 2001 (2001): *Artemis Fowl. (Artemis Fowl.)* Suom. Jaakko Kankaanpää. Helsinki: WSOY.

COLFER, Eoin 2007(2006): *Artemis Fowl. Kadonnut siirtokunta. (Artemis Fowl and the Lost Colony.)* Suom. Jaakko Kankaanpää. Helsinki: WSOY.

DALTON, Annie 2003–2004 (2001–) Enkeliakatemia-sarja (*Siivet selkään, Vehkeilyä, Korkealentoa, Vallan kahvassa.*) Suom. Ulla Selkälä. Helsinki: WSOY.

DUNSANY, lordi 2007 (1924): *Haltiamaan kuninkaantytär. (The King of Elfland's Daughter.)* Suom. Johanna Uusitalo-Vainikainen. Tampere: Vaskikirjat.

FIZTPATRICK, Becca 2011 (2009): *Langennut enkeli. (Hush hush.)* Suom. Pirjo Ruti. Helsinki: WSOY.

GABALDON, Diana 2002 (1991): *Muukalainen. (Outlander.)* Suom. Anuirmeli Sallamo-Lavi. Helsinki: Gummerus.

GAIMAN, Neil 2004 (1999): *Tähtisumua. (Stardust.)* Suom. Mika Kivimäki. Helsinki: Otava.

HARRIS, Charlaine 2010 (2001) *Veren voima. (Dead until Dark.)* Suom. Johanna Vainikainen-Uusitalo. Helsinki: Gummerus.

HELAKISA, Kaarina 1995: *James Bondén ja kummitusmuseo.* Helsinki: Otava.

HOBB, Robin 2004 (1997): *Salamurhaajan taival. (The Farseer: Assasin's Quest.)* Suom. Sauli Santikko. Helsinki: Otava.

HOLOPAINEN, Anu 1998: *Boreaksen lapset.* Hämeenlinna: Karisto.

HOLOPAINEN, Anu 2001: *Sinisilmä.* Hämeenlinna: Karisto.

HOTAKAINEN, Kari 1995: *Syntisäkki.* Helsinki: WSOY.

HYVÖNEN, Viivi 1999: *Mahlaa suonissaan.* Helsinki: WSOY.

JANSSON, Tove 1955 (1946): *Muumipeikko ja pyrstötähti. (Kometjakten.)* Suom. Laila Järvinen. Helsinki: WSOY.

JÄÄSKELÄINEN, Pasi 2000: *Missä junat kääntyvät.* Tampere: Tampereen Science Fiction Seura.

KAFKA, Franz 2005 (1915): Muodonmuutos. (Die Verwandlung.) – *Kootut kertomukset.* Helsinki: Otava.

KALLAS, Aino 2003 (1928): *Sudenmorsian.* Helsinki: Otava.

KARLSSON, Risto 1990: *Suomalainen ihmissusi.* Helsinki: WSOY.

KATLA, Katariina 2007: *Metsänpeikot.* Sarjakuva. Lahti: Loka-kustannus.

KING, Stephen 1990 (1983): *Ihmissuden vuosi.* (*Cycle of the werevolf.*) Suom. Annika Eräpuro. Hyvinkää: Book Studio.

KINSELLA, Sophia 2010 (2009): *Kevytkenkäinen kummitus.* (*Twenties girl.*) Suom. Aila Herronen. Helsinki: WSOY.

KOHONEN, Laila 1980: *Ystävämme Ebe-setä, kummitus.* Helsinki: Tammi.

KOKKO, Yrjö 1944: *Pessi ja Illusia.* Helsinki: WSOY.

KROHN, Leena *Datura tai harha jonka jokainen näkee.* Helsinki: WSOY.

KUMARA, Aino Inkeri 1956: *Ulla, peikkotyttö.* Helsinki: Otava.

KUSHNER, Ellen 2008 (1990): *Thomas Riiminiekka.* (*Thomas the Rymer.*) Suom. Johanna Vainikainen-Uusitalo. Tampere: Vaskikirjat.

LAINE, Jarkko 1971: *Vampyyri eli miten Wilhelm Kojac kuoli kovat kaulassa.* Helsinki: Otava.

LAITINEN, Eija & LEINONEN, Anne 2003: *Saga.* Helsinki: WSOY.

LASSILA, Else 1995: *Hyväntuulenlaakso.* Helsinki: WSOY.

LE GUIN, Ursula K. 2005 (1972): *Kaukaisin ranta.* (*The Fartest Shore.*)– Maameren tarinat I–III. Suom. Kristiina Rikman. Helsinki: WSOY.

LEWIS, C. S. 1988 (1953): *Hopeinen tuoli.* (*The Silver Chair.*) Suom. Kaarina Helakisa. Helsinki: Otava.

LUUKKONEN, Marja 2009: *Tuulipuun maa.* Helsinki: Tammi.

MARTINHEIMO, Asko 1996: *Isojalkainen poika.* Helsinki, WSOY.

MATINTUPA, Tuula T. 2002: *Tuulen kalastajat.* Karkkila: Kustannus-Mäkelä.

MERCER, Sienna 2008 (2007): *Vaihtokaupat* (*Switched.*) Suom. Marja Helanen-Ahtola. Helsinki: WSOY.

MEYER, Stephenie 2005 (2005): *Houkutus.* (*Twilight.*) Suom. Tiina Ohinmaa. Helsinki: WSOY.

MEYER, Stephenie 2008 (2006): *Uusikuu.* (*New Moon.*) Suom. Tiina Ohinmaa. Helsinki: WSOY.

MEYER, Stephenie 2008 (2007): *Epäilys.* (*Eclipse.*) Suom. Pirkko Biström. Helsinki: WSOY.

MEYER, Stephenie 2009 (2008): *Aamunkoi.* (Breaking Dawn.) Suom. Pirkko Biström. Helsinki: WSOY.

NUMMELIN, Juri (toim.) 2011: *Verenhimo. Suomalaisia vampyyritarinoita.* Helsinki: Teos.

NUMMELIN, Aki 2001: *Tuhon hetki*. Pori: Kustannusosuuskunta Muusa.

OJA, Heikki 2001: *Jäinen lohikäärme*. Tampere: Tampereen Science Fiction Seura.

OVIDIUS (Publius Ovidius Naso)1997 (n. 6 jaa): *Muodonmuutoksia*. (*Metamorphoseon libri I–XV.*) Suom. Alpo Rönty. Helsinki: WSOY.

PARKKINEN: *Vanhan kulttuurin kurssi*. Helsinki: WSOY.

PELTONIEMI, Sari: *Kummat*. Helsinki: Tammi.

PELTONIEMI, Sari: *Suomu*. Helsinki: Tammi.

PETRONIUS Arbiter 2003 (n. 69 jaa): *Satyricon*. Suom. Pekka Tuomisto. Helsinki: Tammi.

POLIDORI, John 2005 (1819): Vampyyri. (The Vampyre.) Suom. Sami Jansson. Turku: Faros-kustannus.

PRATCHETT, Terry 1994 (1987): *Mort*. (*Mort*.) Suom. Margit Salmenoja. Hämeenlinna: Karisto.

PRATCHETT, Terry 1996 (1991): *Viikatemies* (*Reaper Man*.) Suom. Marja Sinkkonen. Hämeenlinna: Karisto.

RICE, Anne 1992 (1976) *Veren vangit*. (*Interview with the Vampire*.) Suom. Hanna Tarkka. Helsinki: Otava.

RICE, Anne 1993 (1985): *Vampyyri Lestat*. (*The Vampire Lestat*.) Suom. Hanna Tarkka. Helsinki: Otava.

RICE, Anne 1993 (1988): *Kadotettujen kuningatar*. (*The Queen of the Damned*.) Suom. Hanna Tarkka. Helsinki: Otava.

ROPPPONEN, Markku 1997: *Siivestäjät*. Helsinki: Tammi.

ROTKO, Tuula 1998: *Susi ja surupukuinen nainen*. Helsinki: Tammi.

ROWLING, J. K. 1998 (1997): *Harry Potter ja viisasten kivi*. (*Harry Potter and the Philosopher's Stone.*) Suom. Jaana Kapari. Helsinki: Tammi.

ROWLING, J. K. 2001 (2000): *Harry Potter ja liekehtivä pikari*. (*Harry Potter and the Goblet of Fire*.) Suom. Jaana Kapari. Helsinki: Tammi.

ROWLING, J. K. 2004 (2003): *Harry Potter ja Feeniksin kilta*. (*Harry Potter and the Order of the Phoenix*.) Suom. Jaana Kapari. Helsinki: Tammi.

ROWLING, J. K. 2005 (1999): *Harry Potter ja Azkabanin vanki*. (*Harry Potter and the Prisoner of Azkaban*.) Suom. Jaana Kapari. Helsinki: Tammi.

ROWLING, J. K. 2008 (1998): *Harry Potter ja salaisuuksien kammio*. (*Harry Potter and the Chamber of Secrets*.) Suom. Jaana Kapari. Helsinki: Tammi.

RYTHEU, Juri 1983 (1979): *Ihmissusi. (Teryky.)* Suom. Esa Adrian. Helsinki: WSOY.

SANDEMOSE, Aksel 1960 (1958): *Ihmissusi. (Varulven.)* Suom. Eija Palsbo. Jyväskylä: Gummerus.

SETÄLÄ, Annikki 1959: *Pikkunoita.* Lasten toivekirjasto. Helsinki: WSOY.

SHERIDAN Le Fanu, Joseph 1994 (1872): *Carmilla. (Carmilla.)* Suom. Osmo Saarinen. – Markku Sadelehto (toim.) *Haudantakaisia.* Helsinki: Jalava.

SHINN, Sharon 1996–2004: Samaria-sarja (*Arcangel* 1996, Jovah's Angel 1997, The Alleluia Files 1998, Angelica 2003, Angel Seeker 2004.) Ei suomennettu.

SINISALO, Johanna 2000: *Ennen päivänlaskua ei voi.* Helsinki: Tammi.

SOMERSALO, Aili 1991 (1918): Päivikin satu. – Tuula Korolainen ja Riitta Tulusto (toim.) *Pieni aarreaitta I.* Helsinki: WSOY.

SOMERSALO, Aili 2007 (1919): *Mestaritontun seikkailut.* Helsinki: WSOY.

SOMPER, Justin 2007 (2005): *Kirottujen laiva. (Vampirates – Demons of the Ocean.)* Vampiraatit 1. Suom. Antti Autio. Jyväskylä: Gummerus.

STINE R. L. 2005 (2003): *Vampyyrisiskokset. (Dangerous Girls.)* Suom. Mika Kivimäki. Helsinki: WSOY.

STINE R. L. 2006 (2004): *Yön maku. (Dangerous Girls the Taste of Night.)* Suom. Mika Kivimäki. Helsinki: WSOY.

STOKER, Bram 1977 (1897): *Dracula. (Dracula)* Suom. Jarkko Laine. Helsinki: Otava.

STROUD, Jonathan 2004 (2003): *Samarkandin amuletti.* (The Amulet of Samarkand.) Suom. Mika Kivimäki. Helsinki: Tammi.

SWAN, Anni 1933: *Anni Swanin sadut.* Porvoo: Werner Söderström osakeyhtiö.

TOLKIEN, J. R. R. 1992: (1937): *Hobitti eli sinne ja takaisin. (The Hobbit or There and Back Again.)* Suom. Kersti Juva, runot Panu Pekkanen. Helsinki: WSOY.

TOLKIEN, J. R. R. 1987 (1954, 1954, 1955): *Taru sormusten herrasta. (The Lord of the Ring.) Sormuksen ritari (The Fellowship of the Ring.)* Suom. Kersti Juva ja Eila Pennanen, runot Panu Pekkanen. *Kaksi tornia (The Two Towers.)* Suom. Kersti Juva ja Eila Pennanen, runot Panu Pekkanen. *Kuninkaan paluu (The Return of the King.)* Suom. Kersti Juva, runot Panu Pekkanen. Helsinki: WSOY.

TOPELIUS, Zacharias 1991 (1854): Vattumato. (Hallonmasken.) Suom. V. Tarkiainen, Valter Juva ja Ilmari Jäämaa. – Tuula Korolainen ja Riitta Tulusto (toim.) *Pieni aarreaitta I*. Helsinki: WSOY.

TRUSSONI, Danielle 2011 (2010): *Enkelioppi*. (*Angeology*.) Suom. Sirkka Aulanko. Helsinki: Tammi.

WAHLSTRÖM, Erik 1996 (1992): *Siipien kansa*. (*Gottfried och Teodora*.) Suom. Kerttu Manninen. Helsinki: Lasten Keskus.

WALTARI, Mika 2023: *Kuolleen silmät ja muita kauhukertomuksia*. Toim. Juri Nummelin. Helsinki: WSOY.

WILDE, Oscar 2009 (1888): Itsekäs jättiläinen. – *Onnellinen prinssi ja muita tarinoita*. Suom. Jaana Kapari-Jatta. Helsinki: Teos.

YLILEHTO, Juha 1996: Matkalla Nimeoyn suurkokoukseen. – Petri Liukkonen ja Tanja Keskisimonen (toim.) *Vanhoja luita ja muita epätodellisia tarinoita*. Taivalkoski: Päätalo-instituutti.

Tutkimuskirjallisuus

ANTTONEN, Veikko 1996: *Ihmisen ja maan rajat. 'Pyhä' kulttuurisena kategoriana.* Helsinki: SKS.

APO, Satu 1986: *Ihmesadun rakenne: juonien tyypit, pääjaksot ja henkilöasetelmat satakuntalaisessa kansansatuaineistossa.* Helsinki: SKS.

ASPLUND INGEMARK, Camilla 2004: *The Genre of Trolls. The Case of a Finland-Swedish Folk Belief Tradition.* Åbo: Åbo Akademi.

ATTEBERY, Brian 1992: *Strategies of Fantasy.* Bloomington and Indianapolis: Indiana University Press.

ATU 2002. *The types of International Folktales. A Classification and Bibliography. Based on the System of Antti Aarne and Stith Thompson.* Ed. Hans-Jörg Uther. FFC 284, 285 ja 286. Helsinki: Suomalainen tiedeakatemia.

AUVINEN, Nina 1997: *Suurten lohikäärmeitten pieni maailmanhistoria.* Lopputyön kirjallinen osuus. Turku: Turun ammattikorkeakoulu.

BARBER, Paul 1988: *Vampires, Burial, and Death.* Folklore and reality. New Haven and London: Yale University Press.

BARING-GOULD, Sabine 1995 (1865): *The Book of Werewolves.* London: Senate.

BENGTSSON, Niklas 2001: Kauhua ja kirmailevia kummituksia. Kotimaisen kauhun varhaisia vaiheita ja 90-luvun kauhukirjallisuutta. Helsinki: BTJ Kirjastopalvelu.

CARROLL, Noël 1990: *The Philosophy of Horror, or, Paradoxes of the Heart.* New York & London: Columbia University Press.

CRAMER, Kathryn 2003: Hard science fiction. – Edward James and Farah Mendlesohn (ed.) *The Cambridge Companion of Science Fiction.* Cambridge: Cambridge University Press.

DAHLSTRÖM, Åke 2002: *Draken. Faberdjurens konung.* Stockholm: Carlsson.

DURIEZ, Colin 1993: Sub-creation and Tolkien's Theology of Story. – Keith Battarbee (ed.) *Scholarship & Fantasy: Proceedings of the Tolkien Pheniomenon.* Turku: Turun yliopisto.

ENGES, Pasi 1991: *Pohjoiskalottialueen maahisperinteen motiivisto.* Julkaisematon pro gradu -tutkielma. Turku: Turun yliopisto.

GANANDER, Christfrid 1984 (1789):*Mythologica Fennica.* Näköispainos. Helsinki: SKS.

GATES, Pamela, STEFFEL, Susan, MOLSON, Francis J. 2003: Fantasy Literature for Children and Young Adults. Lanham, Maryland and Oxford: The Scarecrow Press.

GILMORE, David D. 2003: *Monsters.Evil Beings, Mythical Beasts, and All Manner of Imaginary Terrors.* Philadelphia: University of Pennsylvania Press.

GOULD, Charles 1992 (1884): *Mythical Monsters. Fact or Fiction?* London: Studio Editions.

HAAVIO, Martti 1942: Suomalaiset kodinhaltiat. Helsinki: WSOY.

HAAVIO, Martti 1961: Kuolematonten lehdot. Sämpsöi Pellervoisen arvoitus. Helsinki: WSOY.

HAAVIO, Martti 1967: *Suomalainen mytologia.* Helsinki: WSOY.

HAPPONEN, Sirke 2007: *Vilijonkka ikkunassa. Tove Janssonin muumiteosten kuva, sana ja liike.* Helsinki: WSOY.

HARVA, Uno 1948: *Suomalainen muinaisusko.* Porvoo: WSOY.

HAUTALA, Jouko 1960: Sanan mahti. – Jouko Hautala (toim.) Jumin keko. Tutkielmia kansanrunoustieteen alalta. Helsinki: SKS.

HEINONEN, Mari 2005: Intertekstuaalisuus Johanna Sinisalon romaanissa. Ennen päivänlaskua ei voi. – Yrjö Heinonen, Leena Kirstinä ja Urpo Kovala (toim.) *Ilmaisun murroksia vuosituhannen vaihteen suomalaisessa kulttuurissa.* Helsinki: SKS.

HEISKANEN-MÄKELÄ, Sirkka 2004: Tolkien & me. – Blomberg, Kristian, Hirsjärvi, Irma ja Kovala Urpo (toim.) *Fantasian monet maailmat.* Helsinki: BTJ Kirjastopalvelu.

HIRSJÄRVI, Irma 2004: Suomenkielisen tieteiskirjallisuuden juuret. Teoksessa Blomberg, Kristian, Hirsjärvi, Irma ja Kovala Urpo (toim.) *Fantasian monet maailmat.* Helsinki: BTJ Kirjastopalvelu.

HONKO, Lauri 1963: Itkuvirsirunous. – Matti Kuusi (toim.) *Suomen kirjallisuus 1. Kirjoittamaton kirjallisuus.* Helsinki: SKS ja Otava.

HONKO, Lauri 1981: Uskontotieteen näkökulmia. Porvoo: WSOY.

HONKO, Lauri 1991 (1962): Geisterglaube in Ingermanland. FFC 185. Helsinki: Suomalainen tiedeakatemia.

HOSIAISLUOMA, Yrjö 2003: Kirjallisuuden sanakirja. Helsinki: WSOY.

HUUSKONEN, Marjut 2004: *Stuorra-Jovnnan ladut. Tenonsaamelaisten ympäristökertomusten maailmat.* Helsinki: SKS.

HÄKKINEN, Kaisa 2002: Eläin suomen kielessä. Teoksessa Ilomäki, Henni ja Lauhakangas, Outi (toim.) *Eläin ihmisen mielenmaisemassa.* Helsinki: SKS.

IHONEN, Markku 2003: Suomalainen lastenkirjallisuus 1800-luvilla. Teoksessa Liisi Huhtala, Karl Grünn, Ismo Loivamaa ja Maria Laukka (toim.) *Pieni suuri maailma. Suomalaisen lasten- ja nuortenkirjallisuuden historia*. Helsinki: Tammi.

JAUHIAINEN, Marjatta 1999: *Suomalaiset uskomustarinat. Tyypit ja motiivit.* Tarkastettu ja laajennettu laitos Lauri Simonsuuren teoksesta *Typen und Motivverzeichnis der finnischen mytischen Sagen* (Helsinki 1961.) Helsinki: SKS.

KARKULEHTO, Sanna 2007: *Kaapista kaanoniin ja takaisin. Johanna Sinisalon, Pirkko Saision ja Helena Sinervon teosten queer-poliittisia luentoja.* Oulu: Oulun yliopisto.

KILPINEN, Pekka 2002: *Ihmissudet. Asiakirjoja ja kertomuksia.* Helsinki: Yliopistopaino.

KIVILAAKSO, Sirpa 2010: Suomalaisen sadun varhaisia kehityslinjoja. – Kaarina Kolu (toim.) *Suomalainen satu 1.* Helsinki: BTJ Kustannus.

KLEMETTINEN, Pasi 1997: *Mellastavat pirut. Tutkimus kansanomaisista paholais- ja noituuskäsityksistä Karjalan Kannaksen ja Laatokan Karjalan tarinaperinteessä.* Helsinki: SKS.

KOSKI, Kaarina 2004: Monitulkintaisen aineiston ongelmia. Teoksessa Kurki, Tuulikki (toim.) *Kansanrunous-arkisto, lukijat ja tulkinnat.* Helsinki: SKS.

KOSKI, Kaarina 2007: Narratiivisuus uskomusperinteessä. *Elore* 1/2007. (www.elore.fi.)

KOSKI, Kaarina 2011: *Kuoleman voimat. Kirkonväki suomalaisessa uskomusperinteessä.* Helsinki: SKS.

KOSKI, Mervi 2007: *Suomalaisia haltijoita ja taruolentoja.* Hämeenlinna: Karisto.

KOSKIMIES, Satu 2004: Kesäklassikko: Tanssii suden kanssa. *Kiiltomato* 9.6.2004. (www. kiiltomato.net.)

KROHN, Kaarle 1914: *Suomalaisten runojen uskonto.* Suomensuvun uskonnot 1. Helsinki: SKS.

KUIVASMÄKI, Riitta 2007: "Lainalla täytyy aloittaa" – nuorisokirjallisuuden suomennokset. – H. K. Riikonen, Urpo Kovala, Pekka Kujamäki ja Outi Paloposki (toim.) *Suomennoskirjallisuuden historia 1.* Helsinki: SKS.

KUUSI, Matti 1999: Kalevalan ja kansanrunouden suhde. – Pertti Anttonen ja Matti Kuusi: *Kalevala-lipas.* Helsinki: SKS.

KUUSISTO, Pekka 1991: *Metamorfoosifantasia. Metamorfoosiaihe fantasiakirjallisuudessa ja sen sovellus Pentti Holapan novellikokoelmassa* Muodonmuutoksia. Oulu: Oulun yliopisto.

LAAKSONEN, Pekka ja Saarinen, Jukka 2004: *Arkiston avain. Kansanrunousarkiston kortistot, hakemistot, luettelot, lyhenteet.* Helsinki: SKS.

LAESTADIUS, Lars Levi 2000 (1840–1845): *Lappalaisten mytologian katkelmia.* Toim. Juha Pentikäinen. Helsinki: SKS.

LAITINEN, Kai 1995: *Aino Kallaksen mestarivuodet.* Helsinki: Otava.

LEHTONEN, J. V. 1933: *Ihmissusi kirjallisena aiheena.* Helsinki: SKS.

LEIKOLA, Anto 2002: *Seireenejä, kentaureja ja merihirviöitä. Myyttisten olentojen elämää.* Helsinki: Tammi.

LEPPÄLAHTI, Merja 2011: Vampyyrin muodonmuutos. Rauhattomasta vainajasta romanttiseksi sankariksi. – Tuomas Hovi ja Merja Leppälahti (toim.) *Vampyyrit kansanperinteestä populaarikulttuuriin.* Turku: Turun yliopisto.

LOORITS, Oskar 1932: *Estnische Volksdichtung und Mythologie.* Tartu: Akadeemiline kooperatiiv.

LOORITS, Oskar 1949: *Grundzüge des estnischen Volkglaubens.* Lund: Kungl. Gustav Adolfs Akademien för Folklivsforskning.

MALMBERG Raili 2003: Lastenlehtien pitkä taival. – Liisi Huhtala, Karl Grünn, Ismo Loivamaa ja Maria Laukka (toim.) *Pieni suuri maailma. Suomalaisen lasten- ja nuortenkirjallisuuden historia.* Helsinki: Tammi.

MALMGREN, Carl D. 1991: *Worlds Apart. Narratology of Science Fiction.* Bloomington and Indianapolis: Indiana University Press.

MANLOVE, C. N. 1982: *On the Nature of Fantasy.* – Roger C. Schlobin (ed.) The Aesthetics of Fantasy Literature and Art. University of Notre Dame Press.

MELKAS, Kukku 2006: *Historia, halu ja tiedon käärme* Aino Kallaksen tuotannossa. Helsinki: SKS.

METSVAHI, Merili 2001: Wervolfprozesse in Estland und Livland im 17. Jahrhundert. – Jürgen Beyer und Reet Hiiemäe (toim.) *Folklore als Tatsachenbericht.* Tartu: Sektion für Folkloristik des Estnischen Literaturmeseums.

NIINISALO, Suvi 2004: *Keijukaisten lähteillä.* Jyväskylä: Atena.

NIKOLAJEVA, Maria 1988: *The Magic Code. The use of magical patterns in fantasy for children.* Stockholm: Almqvist & Wiksell Internatinal.

ODSTEDT, Ella 1943: *Varulven i svensk folktradition.* Uppsala.

OUTAKOSKI, Nilla 1991: *Lars Levi Laestadiuksen saarnojen maahiskuva verrattuna Kaaresuvannon nomadien maahiskäsityksiin.* Oulu: Oulun Historiaseura.

PELTONEN, Leena 1992: Hurjan inhimillinen peto. – Matti Savolainen ja Päivi Mehtonen (toim.) *Haamulinnan perillisiä. Artikkeleita kauhufiktiosta 1760-luvulta 1990-luvulle.* Helsinki: Kirjastopalvelu.

PELTONEN, Ulla-Maija 1996: *Punakapinan muistot. Tutkimus työväen muistelukerronnan muotoutumisesta vuoden 1918 jälkeen.* Helsinki: SKS.

PENTIKÄINEN, Juha 1968: *The Nordic Dead-Child Tradition.* FFC 202. Helsinki: Suomalainen tiedeakatemia.

PENTIKÄINEN, Juha 1994: Rauhattomat vainajat. – Matti Sarmela (toim.) *Suomen perinneatlas.* Helsinki: SKS.

PENTIKÄINEN, Juha 1995: *Saamelaiset. Pohjoisen kansan mytologia.* Helsinki: SKS.

RAUSMAA, Pirkko-Liisa 1972: Kansansatujen keruu, julkaisu ja tutkimus Suomessa. – Pirkko-Liisa Rausmaa (toim.) *Suomalaiset kansansadut 1.* Helsinki: SKS.

RAUSMAA, Pirkko-Liisa 1988: Johdanto. – Pirkko-Liisa Rausmaa (toim.) *Suomalaiset kansansadut 1.* Uudistettu toinen painos. Helsinki: SKS.

RAUSMAA, Pirkko-Liisa 1990: Johdanto. – Pirkko-Liisa Rausmaa (toim.) *Suomalaiset kansansadut 3. Sadut tyhmästä paholaisesta.* Helsinki: SKS.

RAUSMAA, Pirkko-Liisa 1996: Johdanto. – Pirkko-Liisa Rausmaa (toim.) *Suomalaiset kansansadut 5. Eläinsadut.* Helsinki: SKS.

ROJOLA, Lea 1992: Konsa susi olen, suden tekojakin teen. Uuden naisen uhkaava seksuaalisuus Aino Kallaksen Sudenmorsiamessa. – Tapio Onnela (toim.) *Vampyyrinainen ja Kenkkuinniemen sauna. Suomalainen kaksikymmenluku ja modernin mahdollisuus.* Helsinki: SKS.

ROSE, Carol 2000: *Giants, Monsters, Dragons. An Encyclopedia of Folklore, Legend, and Myth.* New York, London: W. W. Norton & Co.

SAARILUOMA. Liisa 2000: Johdanto. myytit klassisessa ja modernissa kirjallisuudessa. Teoksessa Saariluoma, Liisa (toim.) *Keijujen kuningas ja musta Akhilleus. Myytit modernissa kirjallisuudessa.* Helsinki: SKS.

SALA, Kaarina 1979: Balladi ihmisen yö- ja päiväminästä. Aino Kallaksen "ihmissusi"-muunnelmat. *Kirjallisuudentutkijain seuran vuosikirja 31.* Helsinki: SKS.

SARMELA, Matti 1995: *Suomen perinneatlas*. Helsinki: SKS.

SAUKKOLA, Mirva 1998: *Lapsuuden paratiisit*. Turku: Cultura.

SAYERS, Dorothy 1929: *Great Stories of Detection, Mystery and Horror*. London: Victor Collancz Ltd.

SETÄLÄ, E. N. 1932: *Sammon arvoitus*. Helsinki: Otava.

SIMONSUURI, Lauri 2006 (1950): *Kansa tarinoi. Tutkielmia kansanrunouden salaperäisestä maailmasta*. Helsinki: SKS.

SINISALO, Johanna 2004: Fantasia lajityyppinä ja kirjailijan välineenä. – Blomberg, Kristian, Hirsjärvi, Irma ja Kovala Urpo (toim.) *Fantasian monet maailmat*. Helsinki: BTJ Kirjastopalvelu.

SISÄTTÖ, Vesa 2003: Johdanto. – Vesa Sisättö (toim.) *Ulkomaisia fantasiakirjailijoita*. Helsinki: BTJ Kirjastopalvelu.

SISÄTTÖ, Vesa 2004: Tieteiskirjallisuus. – Vesa Sisättö ja Toni Jerrman (toim.) *Ulkomaisia tieteiskirjailijoita*. Helsinki: BTJ Kirjastopalvelu.

SISÄTTÖ, Vesa 2006: Tieteis- ja fantasiakirjallisuus Suomessa. – Vesa Sisättö ja Toni Jerrman (toim.) *Kotimaisia tieteis- ja fantasiakirjailijoita*. Helsinki: BTJ Kirjastopalvelu.

SOIKKELI, Markku 2002: Monikulttuurisuus 1990-luvun suomalaisessa tieteisfiktiossa. – Markku Soikkeli (toim.) *Kurittomat kuvitelmat. Johdatus 1990-luvun kotimaiseen kirjallisuuteen*. Turku: Turun yliopisto.

STATTIN, Jochum 1992: *Näcken. Spelman eller gränsvakt?* Stockholm: Carlssons.

TARKKA, Lotte 1998: Natalist' on nagru tehty. Nauru ja lempi vienankarjalaisessa mieronvirressä. – Jyrki Pöysä ja Anna-Leena Siikala (toim.) *Amor, genus & familia. Kirjoituksia kansanperinteestä*. Helsinki: SKS.

TIMONEN, Eija 2004: *Perinne käsikirjoittajan työkaluna. Kansanperinteen transforoituminen eri medioihin käsikirjoittajan näkökulmasta – tapaustutkimus suomalaisen kansanperinteen muokkaamisesta lapsille ja nuorille*. Rovaniemi: Lapin yliopisto.

TIMONEN, Senni 2007: Elias Lönnrotin seksirunokokoelma. – Eija Stark ja Laura Stark (toim.) *Kansanomainen ajattelu*. Helsinki: SKS.

TOLKIEN, J. R. R. 2002 (1947): Saduista. (On Fairy-Stories.) Suom. Vesa Sisättö. – *Puu ja lehti*. Helsinki: WSOY.

VAINONEN, Jyrki 2004: Miksi novellini ovat paremminkin surrealistisia kuin fantastisia? – Blomberg, Kristian, Hirsjärvi, Irma ja Kovala Urpo (toim.) *Fantasian monet maailmat*. Helsinki: BTJ Kirjastopalvelu.

VALK, Ülo 1997: *Perkele. Johdatus demonologiaan.* Tampere: Vasta-paino.

WHITLOCK, Ralph 1983: *Here Be Dragons.* London: George Allen & Unwin.

WILSON, Katharina M. 1998: The History of the Word Vampire. – Alan Dundes (ed.) *The Vampire. A Casebook.* Madison (Wisconsin): The University of Wisconsin Press.

VOIPIO, Myry 2010: Tyttö, miekka ja muutama käärme – voimakkaan ja aktiivisen tytön kohtalo suomalaisessa kansansadussa. – Kaarina Kolu (toim.) *Suomalainen satu 1.* Helsinki: BTJ Kustannus.

WOLF, Ulrika 1968: Varulvföreställingenpå finskspråkigt område. *Budkavlen* 1968.

WOLF-KNUTS, Ulrika 1991: *Människan och djävulen. En studie kring form, motiv och function i folklig tradition.* Åbo: Åbo Akademi.

VOLOTINEN, Teresa 2010: Tove Jansson. Matkantekoa muumimaailmassa. – Kaarina Kolu (toim.) *Suomalainen satu 1.* Helsinki: BTJ Kustannus.

ZAHORSKI, Kenneth J. & BOYER, Robert H. 1982: The Secondary Worlds of High Fantasy. – Roger C. Schlobin (ed.) *The Aesthetics of Fantasy Literature and Art.* University of Notre Dame Press.

Viitteet

[1] Runojen viihdyttävään sisältöön on kuulunut myös mm. juoruja, pilkkaa ja rivouksia. (Ks. esim. Tarkka 1998; Timonen 2007.)

[2] Sisättö 2003, 7–9.

[3] Esimerkiksi Vernen *Voyage au centre de la Terre* (*Matka maan keskipisteeseen*), joka ilmestyi vuonna 1864 ja *De la Terre à la Lune* (*Maasta kuuhun*) vuonna 1865.

[4] *Wanhain suomalaisten tawaliset ja suloiset sananlascut.*

[5] *Suomen Kansan Vanhoja Runoja ynnä myös Nykyisempiä Lauluja.*

[6] Lönnrotin tekemät "viisi Kalevalaa" ovat: runoelmat *Lemminkäinen, Väinämöinen* ja *Naimakansan virsiä* (1833); *Runokokous Väinämöisestä* (1834 ns. *Alku-Kalevala*); *Kalevala* (1835–1836, ns. *Vanha Kalevala*); Kalevala (1849 *Uusi Kalevala*, joka on nykyisin *Kalevalana* tunnettu teos) ja *Kalevala, lyhennetty laitos* (1862), jonka Lönnrot laati erityisesti koululaisia varten.

[7] Erityinen kiinnostus kohdistui eeppisiin eli kertoviin kansanrunoihin, joita kerättiin runsaasti varsinkin Karjalasta, sekä Suomen suuriruhtinaskunnan alueelta että Venäjän puolelta. Varsinkin *Kalevalan* aineistona olleen kansanrunouden kohdalla onkin oikeampaa puhua suomalais-karjalaisesta runoperinteestä paremmin kuin suomalaisesta.

[8] Perinnealuejako perustuu historiallisiin maakuntiin, Suomen lisäksi perinnealueita ovat rajantakaisen Karjalan eri alueet (mm. Viena, Aunus, Inkerin alueet jne.), siirtolaisuusalueet pohjoisessa, Vermlanti, Ahvenanmaa ja koodilla z "muut alueet". (*Arkiston avain*, 96–109.)

[9] Haavio 1942, 28.

[10] Arkistossa on kuitenkin myös kohtalaisen paljon virolaista aineistoa, joka on kopioitu Eesti Kirjandusmuuseumi Rahvaluule Arhiivin alkuperäiskäsikirjoituksista 1900-luvun alkupuolella.

[11] Jauhiainen 1999, 17.

[12] Haavio 1942, 9.

[13] Honko 1981, 111–113.

[14] Englanninkielisissä tutkimuksissa *legend* merkitsee tavallisesti tarinaa, jolloin esimerkiksi *belief legend* on uskomustarina. *Nykytarinasta* käytetään englannissa tavallisesti nimitystä *urban legend* tai *contemporary legend*.

[15] Kansanuskoon kuuluvat esimodernin Suomen rahvaan keskuudessa tunnetut käsitykset ilmiöistä, "jotka mielletään normaalin arkikokemuksen

ylittäviksi tai niiden rajoja koetteleviksi." Suhtautuminen tällaisiin ilmiöihin on vaihdellut yksilö- ja tilannekohtaisesti. (Koski K 2007, 2.)

[16] Timonen 2004, 77–79.

[17] SKS KRA. Enontekiö. Samuli ja Jenny Paulaharju 12401.1930. < Hukka-Salkko, 60 v.

[18] SKS KRA. Eura. Frans Nurmi b) 60. 1910. < T. Lovén.

[19] Simonsuuri 2006, 14.

[20] Simonsuuri 2006, 20–31.

[21] Jauhiainen 1999, 30–33, 37.

[22] Lauri Simonsuuren saksankielinen *Typen und Motivverzeichnis der finnischen mytischen Sagen* ilmestyi vuonna 1961. Marjatta Jauhiainen on myöhemmin tarkastanut ja täydentänyt luetteloa, ja uusi laajennettu laitos *Suomalaiset uskomustarinat. Tyypit ja motiivit* ilmestyi vuonna 1999.

[23] Jauhiainen 1999, 37.

[24] Koski 2004, 91–110.

[25] Jauhiainen 1999, 35.

[26] Apo 1986, 17.

[27] Rausmaa 1996, 11–14.

[28] Apo 1986, 17.

[29] Rausmaa 1990, 9.

[30] Lyhenne ATU tulee nimistä Aarne, Thompson ja Uther. Satujen tyyppi-luettelointi on alun perin suomalaisen Antti Aarnen kehittämä. Sitä ovat myöhemmin täydentäneet ja muokanneet Stith Thompson sekä Hans-Jörg Uther.

[31] Ks. esim. Apo 1986, 20–24.

[32] Ihmesatuja sisältävässä ensimmäisessä osassa sadut julkaistiin siinä asussa, kun ne olivat arkistossa. Muissa osissa satujen kieliasua on muokattu helppolukuisemmiksi. Myös ensimmäisestä osasta ilmestyi uusi versio vuonna 1988.

[33] *Arkiston avain*, 46–49.

[34] Tiivis katsaus kalevalamittaan, kansanrunouteen ja Kalevalaan löytyy esimerkiksi Matti Kuusen artikkelista "Kalevalan ja kansanrunouden suhde" teoksessa *Kalevala-lipas*, sivut 81–91.

[35] Hautala 1960, 21–37. Jotkut ovat myös arvelleet, että paljastamalla loitsu toiselle sen teho menetetään. Sen vuoksi esimerkiksi parannusloitsut on usein mumistu niin hiljaa, ettei parannettavakaan ole saanut selvää kuin korkeintaan muutamasta sanasta. Kansanperinteen kerääjälle saneltaessa on samaten saatettu jättää loitsusta säe tai useampia pois, jolloin kokonainen loitsu säilyy vielä käyttökelpoisena.

194

[36] Anttonen 1996, 116–123; Haavio 1961.

[37] Haavio 1942, 10.

[38] Vuorenpeikko-nimitys on tavallinen Etelä-Pohjanmaalla; vetehinen itäisessä Suomessa ja Karjalassa Kannasta lukuunottamatta; kalevanpojat Varsinais-Suomessa. (Haavio 1942, 22–35.)

[39] Sieluolentoihin Haavio luki ainakin ihmissuden, maran ja paran. Mara on eräänlainen painajainen, olentona tavallisesti naispuolinen, joka istuu nukkujan rinnan päällä. Ruotsalaisessa aineistossa on tieto, että nainen voi tietyin taikakeinoin helpottaa synnytystään, mutta silloin syntyvästä lapsesta tulee yliluonnollinen, tytöstä mara ja pojasta ihmissusi. (Odstedt 1943, 115.) Paralla taas tarkoitetaan maagisesti valmistettua olentoa, joka toi taloon maitoa, kermaa, voita, joskus myös viljaa tai rahaakin keräämällä sitä naapurustosta. Parassa saattoi olla mukana sen valmistaneen emännän sielua, jolloin paran vahingoittaminen vahingoitti myös emäntää. Parauskomukset on tunnettu koko Suomessa, paroja on tehty myös Skandinaviassa, Virossa ja Länsi-Inkerissä.

[40] Haavio 1942, 10.

[41] Haavio 1942, 10; Harva 1948, 318.

[42] Apo 1986, 16–17, 283; Stattin 1992, 44–45.

[43] Tolkien 2002, 88–90.

[44] Soikkeli 2002, 230.

[45] Sisättö 2004, 20.

[46] Kivilaakso 2010, 13–14.

[47] Sinisalo 2004, 14.

[48] Kuivasmäki 2007, 282.

[49] Malmberg 2003, 138–141.

[50] Kivilaakso 2010, 16.

[51] Manlove 1982, 16–17.

[52] Nikolajeva 1988, 113.

[53] Heiskanen-Mäkelä 2004, 71.

[54] Tolkien 2002, 90–91.

[55] Attebery 1992, 10.

[56] Zahorski & Boyer 1982, 56–59.

[57] Tolkien 2002, 55–56.

[58] Miekka ja magia -fantasian perustyyppi on Robert E. Howardin Conan.

[59] Sayers 1929, 5.

[60] Carroll 1990, 34.

[61] Bengtsson 2001.

[62] Sinisalo 2004, 14–16.

[63] Suomenkielinen nimitys "tieteiskirjallisuus" on Eino Kauppisen keksimä 1950-luvun puolivälissä, sitä ennen puhuttiin esimerkiksi "avaruusseikkailuista", "tulevaisuusromaaneista" tai " tieteellisistä seikkailuromaaneista". Termi "Science Fiction" otettiin vakituiseen käyttöön ensimmäiseksi *Amazing Stories* -lehdessä 1920-luvulla. (Hirsjärvi 2004, 141, 150.) Se esiintyy kuitenkin satunnaisesti aikaisemminkin, jopa jo vuonna 1851. (Sisättö 2004, 12.)

[64] Cramer 2003, 188.

[65] Malmgren 1991, 101–104.

[66] Hosiaisluoma 2003, 544–545.

[67] Vainonen 2004, 215–227.

[68] Jatkokertomuksen nimi oli " Simeon Lewis resa till Finland år 5,870 efter werldens skapelse, efter de kristnes tideräkning det 1,900:de" ja sen ensimmäinen osa ilmestyi huhtikuussa 1860. (*Enhörningen*)

[69] Waltarin käyttämä salanimi juontunee Edgar Allan Poen kuuluisasta runosta "Korppi" ("The Raven", 1845).

[70] Kirjasta on tehty odotettu uusi painos vuonna 2023 nimellä *Kuolleen silmät ja muita kauhukertomuksia.*

[71] Sisättö 2006, 11.

[72] Ihonen 2003, 16–17.

[73] Saukkola 1998, 76–77.

[74] Heiskanen-Mäkelä 2004, 56–75.

[75] Tällaisia ovat esimerkiksi Brittein saarten pikkuväki, kuten *leipreachán, brùnaidh, hobgoblins* ja *brownies* sekä Islannin piiloväki, *huldufólk.*

[76] Haavio 1942; Jauhiainen 1999, 32 alaviite.

[77] Haavio 1942, 12–14; Haavio 1967, 287.

[78] Sarmela 1995, 158.

[79] Koski M. 2007, 12.

[80] Haavio 1942, 115–120.

[81] SKS KRA. Asikkala. Osmo Niemi 453. 1936. < Anna Nieminen, 76v. Sysmä, Suurkylä.

[82] SKS KRA. Sodankylä, Korvanen. Samuli Paulaharju 39161. 1941. < pöllimies Simo Välijiesiö 60v. 10.7.1937.

[83] Sarmela 1995, 158.

[84] *Myytillisiä tarinoita*, 364–365.

[85] SKS KRA. Perho. Laajala Väinö 87. 1936. < Marjaana Pajuoja, s. 1860.

[86] Haavio 1942, 131–147.

[87] SKS KRA. Halikko. Helve Tyyne 86. 1926.

[88] Haavio 1942, 389.

[89] Haavio 1942, 236. Artjärvi. Maila Saarto 9. 1939. < Antti Malinen, s. 1866.

[90] *Myytillisiä tarinoita*, 191.

[91] Honko 1991, 241.

[92] Sarmela 1995, 51–53.

[93] SKS KRA. Soutjärven alue. Kakhorva. Sylvi Sääski 3072. 1943. < Maria Kirilin, s. 1867. Soutjärvi.

[94] SKS KRA. Längelmä. HAKS. Ritva Sammalisto 9776. 1939. < Aino Aaltonen, leskirouva, s. 1873 Längelmä. Västilä.

[95] SKS KRA. Parkano. Satakuntal. Osak. Valva Saarnivaara, 364. 1936. <Jussi Arola, 76 v.

[96] Krohn 1914, 93.

[97] Stattin 1992.

[98] Jauhiainen 1999, 251.

[99] Jauhiainen 1999, 109.

[100] *Myytillisiä tarinoita*, 369.

[101] SKS KRA. Teisko. Ahlgrén, Aino 47. 1937. < Malviina Toimela s. 1861 Kurussa.

[102] Haavio 1942, 192–208.

[103] SKS KRA. Savonranta. Raila Alli 125. 1937. < Juho Nousiainen, synt. 1876.

[104] SKS KRA. Kitee. Matti Moilanen 406. 1936. < Antti Kinnunen 55v.

[105] Haavio 1942, 297–308.

[106] Apo 1986, 261–162.

[107] ATU 480.

[108] *Suomalaisen kansansadut I*, 206.

[109] ATU 500.

[110] Rausmaa 1988, 487.

[111] ATU 650A.

[112] Apo 1986, 264.

[113] ATU 1701.

[114] Korolainen & Tulusto 1991, 573.

[115] Somersalo: *Mestaritontun seikkailut*, 85.

[116] Duriez 1993, 133–150.

[117] Rowling: *Harry Potter ja salaisuuksien kammio*, 193.

[118] Colfer nimittää useimpia maanalaisesta piiloväestä keijuiksi, joiden lajeja ovat esimerkiksi maahiset, tontut, kääpiöt, hiidet ja demonit; keijulajien lisäksi maan alla asuu muitakin lajeja, mm. antiikin mytologiaan kuuluvia kentaureja sekä peikkoja.

[119] Harva 1948, 289 ja 359.
[120] SKS KRA. Uusikaupunki PK 50. Salokannel, Tyyne 8909. 1937. < Eeva Saarinen, Uusikaupunki.
[121] Ganander 1984, 30.
[122] *Myytillisiä tarinoita*, 464–465.
[123] Jauhiainen 1999, 265–287.
[124] *Myytillisiä tarinoita*, 484.
[125] SKS KRA. Perho. Laajala Väinö 20. 1936. < Marjaana Pajuoja, s. 1860. Itsellinen leski.
[126] SKS KRA. Hankasalmi, Peltola. Hankasalmen kansalaiskoulu. Orvokki Makkonen TK 13:42. 1961. < Eino Makkonen s. 1910.
[127] SKS KRA. Alajärvi. Harju Otto 2817. 1938. < Hanna Sivula s. 1854 Alajärvellä, kunnanhoidokki.
[128] SKS KRA. Alavus. Hakala A. 681. 1937. < Liisa Isomäki, emäntä, 60 v., Alavus.
[129] Simonsuuri 2006, 38–39.
[130] SKS KRA. Kyyjärvi Kaarle Krohn a) 327. 1884.
[131] SKS KRA. Korpi I. 4. Isokyrö, Härmä. 1900.
[132] Harva 1948, 269–270; Asplund Ingemark 2004, 102.
[133] Jauhiainen 1999, 17.
[134] Harva 1948, 263–319.
[135] Haavio 1942, 10–11; Harva 1948, 267–270.
[136] SKS KRA. Paulaharju Samuli ja Jenny 12448. Enontekiö. 1930. < Heikki Saajo, 70 v., Kyrön-Heikki..
[137] Ks. esim. Hallmundsson 2007, 14.
[138] SKS KRA. Enontekiö. Alli Leino KT 254:17. 1948. < Juntti Palojärvi, s. 1885.
[139] SKS KRA. Kittilä Paulaharju Jenny 12480. 1920.< Maria Keskitalo, 83 v.
[140] SKS KRA. Enontekiö. Samuli ja Jenny Paulaharju 12485. 1930. < Elli Ketomella, 77 v.
[141] SKS KRA. Enontekiö. Päiviö Alaranta 654. 1951. < Jaakko Akusti Keinovaara, s. 1896.
[142] SKS KRA Utsjoki. Jenny Paulaharju. 12566-71 – Birit Helander, 67 v.; JOKU MUU VIELÄ:
[143] SKS KRA. Utsjoki. Jenny Paulaharju. 12566–71 < Birit Helander, 67 v.
[144] SKS KRA. Karunki. KRK. Kantojärvi, A. 71.< Ernst Jylhä, 39v. Kukkolasta.

[145] SKS KRA. Enontekiö. Samuli ja Jenny Paulaharju 12501. 1930. < Pekka Keskitalo, 46v; Enontekiö. Samuli ja Jenny Paulaharju 12500. 1930. < Elli Ketomella, 67v

[146] ATU 518.

[147] ATU 611.

[148] "Kristitty" merkitsee toisaalta saduissa yleensä samaa kuin ihminen. Suomessa "kaikki" olivat kristittyjä. Johonkin uskontokuntaan kuuluminen oli pakollista vuoden 1923 uskonnonvapauslakiin saakka.

[149] Anni Swanin satuja, 160.

[150] Volotinen 2010, 176.

[151] Happonen 2007, 8.

[152] Atorox-palkinto on Turun Science Fiction Seuran vuosittain myöntämä palkinto vuoden parhaasta kotimaisesta scifi- tai fantasianovellista. Palkinto on saanut nimensä Aarne Haapakosken Outsider-nimimerkillä 1940-luvulla julkaisemista Atorox-romaaneista .

[153] Ks. esim. Heinonen 2005, 76 ja 82; Karkulehto 2007, 101.

[154] Sinisalo: Ennen päivänlaskua ei voi, 11.

[155] Heinonen 2005, 79.

[156] Karkulehto 2007, 104.

[157] Laitinen & Leinonen: Saga, 105.

[158] Rowling: Harry Potter ja viisasten kivi, 21–22.

[159] Rowling: Harry Potter ja Feeniksin kilta, 838–840.

[160] Tolkien 2002, 90.

[161] Jauhiainen 1999, 35.

[162] SKVR IV 1, 1105. Moloskovitsa - Tyrö. Törneroos ja Tallqvist. n. 169. 1859.

[163] Harva 1948, 491.

[164] Koski K 2011.

[165] Koski K2011.

[166] Krohn 1914, 65–66.

[167] SKS KRA. Kangasniemi. Honkanen Olga TK 18:61. 1961.

[168] SKS KRA. Hankasalmi. Otto Harju 3103. 1946.

[169] SKS KRA. Laukaa, Lievestuore. Aarne Laitinen MT 6:707. 1958.

[170] SKS KRA. Alavus. Reino Hemminki 162. 1936.

[171] SKS KRA. Lasanen 1935; SKS KRA. Partanen 1939.

[172] Koski, K. 2007.

[173] Outakoski 1991.

[174] Koski K 2011.

[175] Koski K 2011.

[176] Ganander 1984, 36.
[177] SKS KRA. Oulasmaa 1955.
[178] Koski K 2011.
[179] Jauhiainen 1999, 17; Niinisalo 2004, 18–19.
[180] SKS KRA. Pudasjärvi. Samuli ja Jenny Paulaharju 17958. 1932. < Antti Sarajärvi 65 v.
[181] *Myytillisiä tarinoita*, 78–80.
[182] SKS KRA. Alavieska, Kähtävä. Jussi Nikula TK 66:6. 1961. < Niku Kähtävä, muurari, synt. 1853.
[183] *Myytillisiä tarinoita*, 78.
[184] Honko 1963, 115.
[185] SKS KRA. Kiuruvesi. Nivalainen, Juho. KRK 108:565. < Äitini, 50 v.
[186] SKS KRA. Janakkala. Tyyne Salokannel 1737. 1945. < Selma Isomäki, Mallinkainen.
[187] Krohn 1914, 46–47; Harva 1948, 488–489.
[188] Peltonen 1996, 223–231.
[189] Pentikäinen 1968, 289.
[190] Harva 1948, 451–462; Pentikäinen 1994, 172–175.
[191] Klemettinen 1997.
[192] Barber 1988.
[193] Wilson 1998, 3–11.
[194] SKS KRA. Nattavaara. Paulaharju Samuli 23256. 1933. < Juhan-Antti Mikkelsson, 83v.
[195] Esimerkiksi *Myytillisiä tarinoita*, 247–249.
[196] SKS KRA. Lappajärvi. Toivo Hernesniemi TK 16:16. 1961. < Jalmari Teräs.
[197] Elämän vettä tarvitaan monessa sadussa, esim. ATU 519, ATU 531 ja ATU590.
[198] Apo 1986, 263.
[199] ATU 510.
[200] Rausmaa 1990, 489.
[201] ATU 511.
[202] ATU 530A.
[203] ATU 507A.
[204] Helakisa: *James Bondén ja kummitusmuseo*, 104–105.
[205] Krohn, *Datura tai harha jonka jokainen näkee*, 108–109.
[206] Sheridan Le Fanu: Carmilla, 130.
[207] Barber 1988.
[208] Stoker, *Dracula*, 138.

[209] Stoker; *Dracula*, 396.
[210] Saariluoma 2000, 27–28.
[211] Wolf-Knuts 1991, 219–221.
[212] Jauhiainen 1999, 35.
[213] Koski 2004, 100–103; myös Klemettinen 1996.
[214] Valk 1997, 66–86.
[215] Klemettinen 1996.
[216] Apo 1986, 260.
[217] Apo 1986, 260–261.
[218] ATU 810.
[219] ATU 330 A.
[220] ATU 812.
[221] ATU 821 A.
[222] ATU 761.
[223] ATU 815.
[224] ATU 361.
[225] *Suomalaiset kansansadut* 2, 127. Iisalmi, Viitaa. Hämeenlinnan alakansakouluseminaari (Aada Ryhänen) 6029. 1937. Kertoja Lassi Veteli, 69 v. Satutyyppi ATU 846.
[226] ATU 563, ATU 565.
[227] Satutyypit ATU 1000–1199.
[228] Rausmaa 1990, 172.
[229] Rausmaa 1990, 9–13.
[230] ATU 1005.
[231] ATU 1008.
[232] ATU 1000.
[233] ATU 1071.
[234] ATU 1072.
[235] ATU 1063.
[236] ATU 1060, ATU 1088, ATU 1084, ATU1085.
[237] ATU 1030.
[238] Rausmaa 1990, 150.
[239] ATU 1135, ATU 1136, ATU 1138.
[240] ATU 332.
[241] ATU 845.
[242] ATU 795.
[243] Colfer: *Artemis Fowl. Kadonnut siirtokunta*, 61.
[244] Pratchett: *Mort*, 37.
[245] Ovidius 1997, 49–52.

201

[246] Pentikäinen 1995, 97–100; Loorits 1949, 312; Odstedt 1943, 189; Wolf 1968, 76–78; Baring-Gould 1995.
[247] Kilpinen 2002, 24; Metsvahi 2001, 175.
[248] *Myytillisiä tarinoita*, 200.
[249] *Myytillisiä tarinoita*, 202–203.
[250] Harva 1948, 262.
[251] Laestadius 2000, 114; Wolf 1968, 96–97; Pentikäinen 1995, 103; Loorits 1949, 313.
[252] Laestadius 2000, 114)
[253] Esim. Odstedt 1943, 116–120.
[254] Krohn 1914, 169.
[255] Huuskonen 2004, 172–175.
[256] Loorits 1949, 317–319.
[257] Loorits 1949, 319.
[258] Laestadius 2000, 111–112.
[259] ATU 540. *Suomalaiset kansansadut 1*, 306.
[260] ATU 402.
[261] ATU 400.
[262] ATU 451.
[263] ATU 425C.
[264] ATU 315. *Suomalaiset kansansadut 1*, 76–82.
[265] ATU 449. *Suomalaiset kansansadut 1*, 169–172.
[266] ATU 325.
[267] ATU 409. Rausmaa 1972, 189.
[268] Loorits 1932, 73–74.
[269] ATU 533. *Suomalaiset kansansadut 1*, 297.
[270] ATU 540. *Suomalaiset kansansadut 1*, 308.
[271] ATU 313.
[272] Petronius Arbiter: *Satyricon*, 80–82.
[273] Lehtonen 1933, 353–355; Peltonen 1992, 231–233.
[274] Kafka: "Muodonmuutos". – *Kootut kertomukset*, 46.
[275] Kuusisto 1991, 3.
[276] Kallas: *Sudenmorsian*, 55.
[277] Laitinen 1995, 217–247.
[278] Sala 1979, 139–154; Koskimies 2004.
[279] Rojola 1992, 132–150; Melkas 2006.
[280] Peltoniemi: *Kummat*, 12.
[281] Parkkinen: *Vanhan kulttuurin kurssi*, 136.
[282] Holopainen: *Sinisilmä*, 112.

283 Rotko: *Susi ja surupukuinen nainen*, 67.

284 Alasalmi: *Metsäläiset*, 176.

285 Tšuktšit ovat Koillis-Aasiassa Jäämeren rannalla elävä alkuperäiskansa.

286 Rytheu, *Ihmissusi*, 86–87.

287 Rytheu, *Ihmissusi*, 133.

288 Kirjan pohjalta tehtiin vuonna 1985 elokuva *Hopealuoti*.

289 King, *Ihmissuden vuosi*, 111–112.

290 Rowling, *Azkabanin vanki*, 401.

291 Meyer, *Epäilys*, 206–219.

292 Meyer, *Uusikuu*, 203.

293 Meyer, *Aamunkoi*, 621.

294 Rose 2000, 104.

295 Jänistä pidettiin Kiinassa olemukseltaan varsin samanlaisena kuin paholaista.

296 Gould 1992, 243.

297 Gould 1992, 243–247; Dahlström 2002, 200–212; Whitlock 1983, 37.

298 Leikola 2002, 121–124.

299 *Eddan sankarirunot*, 119–130.

300 Häkkinen 2002, 36–37.

301 Apo 1986, 268.

302 *Suomen kielen etymologinen sanakirja* II, 300.

303 Setälä 1932, 510.

304 Gilmore 2003, 66–67.

305 SKS KRA. Rautu. Onttonen Helena 1646. 1936.

306 SKS KRA. Halikko. KRK 4. Kantola, Kaisa 666. < Manda Aro, torpparin vaimo, s. 1877.

307 SKS KRA. Virrat. T. Vuorela 840. 1935.

308 Harva 1948, 470.

309 SKS KRA. Saarijärvi. Otto Harju KRK 69:42. 1935. < Taavi Talaskivi, 61 v.

310 SKS KRA. Vesanto. Aini Huuskonen TK 20:38. 1961 < Vilho Huuskonen, maanvilj. S. 1911.

311 SKS KRA. Varpaisjärvi. Jukka Savolainen TK 94:10. 1961. Muistiinpantu Lopella 1961.

312 SKS KRA. Parikkala. Poutanen, Juho KRK 136:29.

313 SKS KRA. Rautjärvi. Pennanen, O. 1700. 1941. < Anna Karjalainen, os. Näränen, 65 v. s. Rautjärven Väikkälässä.

314 SKVR XII2, 5016. Kuhmoniemi, Vihtori Prihti 1908. < Elias Määttä, ent. talollinen, 89v.

[315] Apo 1986, 268–269; Rausmaa 1988, 475.
[316] ATU 300.
[317] Rausmaa 1988, 475.
[318] *Suomalaiset kansansadut 1*, 456–457.
[319] ATU 709.
[320] Voipio 2010, 32.
[321] ATU 560.
[322] ATU 425C.
[323] ATU 1960B.
[324] ATU 1960E.
[325] SKS KRA. Sortavala. KRK 145. Moilanen, Matti 22. < Taneli Saikkonen.
[326] SKS KRA. Kirvu. Munukka, Pietari. KRK 130:138. < Ovaska, Yrjö ja vaimo Katri (kuolleet).
[327] Ylilehto: "Matkalla Nimeoyn suurkokoukseen", 168.
[328] Berghem: *Avaruusseikkailu*.
[329] Nummelin: *Tuhon hetki*.
[330] Hyvönen: *Mahlaa suonissaan*, 262.
[331] Jääskeläinen: "On Muurmaa kaatunut!"
[332] Oja: "Jäinen vaeltaja".
[333] Matintupa: *Tuulen kalastajat*.
[334] Martinheimo, "Perjantai", 95.
[335] Peltoniemi: *Suomu*, 216.
[336] Tolkien: *Hobitti*, 231.
[337] Rowling, *Harry Potter ja liekehtivä pikari*, 313.
[338] Le Guin: *Kaukaisin ranta*, 545–546.
[339] Auvinen 1997, 94.
[340] Esimerkiksi Sophie Kinsellan *Kevytkenkäinen kummitus* (2010). Toisaalta jo elokuvassa *Kummitus ja rouva Muir* (1947) ja erityisesti sen pohjalta tehdyssä televisiosarjassa ihmisnaisen ja kummitusmiehen välillä oli romanttissävytteinen ystävyyssuhde.
[341] Esimerkiksi Diana Gabaldonin *Matkantekijä*-sarja.
[342] Justin Somperin *Vampiraatit*-sarja.
[343] Esimerkiksi Sienna Mercerin *Vaihtokaupat* (2008) jatko-osineen sekä R. L. Stinen *Vampyyrisiskokset* (2005) ja sen jatko-osa *Yön maku* (2006).
[344] Erityisesti Stephenie Meyerin *Houkutus*-sarja ja Charlaine Harrisin *Sookie Stackhouse* -sarja.